SEXO SUBLIME TESORO

EURÍPIDES KÜHL

Traducción al Español:
J.Thomas Saldias, MSc.
Lima, Perú, Junio, 2024

Título Original en Portugués:
"Sexo, sublime tesouro"
© Eurípedes Kühl, 1992

Traducido al Español de la 1ra versión electrónica Portuguesa.

World Spiritist Institute
Houston, Texas, USA
E-mail: contact@worldspiritistinstitute.org

Del Médium

Eurípedes Kühl nació en Igarapava, SP, el 21- 08- 1934. Hijo de Miguel Augusto Kühl y Anna García Kühl, está casado con doña Lúcy Câmara Kühl y tienen 2 hijos.

Profesionalmente es oficial del Ejército (Capitán), paracaidista, estando en la Reserva Remunerada desde 1983, después de 31 años de servicio activo, sirviendo en varias guarniciones militares.

También es Licenciado en Administración de Empresas.

Su nombre es un merecido homenaje a Eurípedes Barsanulfo, rendido por su madre, quien fue curada por el bondadoso médium, en un desdoblamiento espiritual, en 1917.

Vive en Ribeirão Preto – SP, donde trabaja con gran entusiasmo en el movimiento espírita.

Del Traductor

Jesús Thomas Saldias, MSc, nació en Trujillo, Perú.

Desde los años 80s conoció la doctrina espírita gracias a su estadía en Brasil donde tuvo oportunidad de interactuar a través de médiums con el Dr. Napoleón Rodriguez Laureano, quien se convirtió en su mentor y guía espiritual.

Posteriormente se mudó al Estado de Texas, en los Estados Unidos y se graduó en la carrera de Zootecnia en la Universidad de Texas A&M. Obtuvo también su Maestría en Ciencias de Fauna Silvestre siguiendo sus estudios de Doctorado en la misma universidad.

Terminada su carrera académica, estableció la empresa *Global Specialized Consultants LLC* a través de la cual promovió el Uso Sostenible de Recursos Naturales a través de Latino América y luego fue partícipe de la formación del **World Spiritist Institute**, registrado en el Estado de Texas como una ONG sin fines de lucro con la finalidad de promover la divulgación de la doctrina espírita.

Actualmente se encuentra trabajando desde Perú en la traducción de libros de varios médiums y espíritus del portugués al español, habiendo traducido más de 330 títulos, así como conduciendo el programa "La Hora de los Espíritus."

ÍNDICE

PREFACIO 12

1. INTRODUCCIÓN 14

2 RESPUESTAS AL HOMBRE EXTERIOR Y ....
AL HOMBRE INTERIOR 16

    2.1 La duda 16

    2.2 El Origen 17

    2.3 El Despertar 18

    2.4 El Ser Humano y el Espíritu 19

3 LA TRINIDAD HUMANA: ESPÍRITU, PERIESPÍRITU, ...
CUERPO CARNAL 20

    3.1 El Espíritu 20

    3.2 El periespíritu 21

    3.3 El Doble Etérico 23

    3.4 Los Chakras 23

    3.5 El Cuerpo Físico 24

    3.6 Subcuerpos del Hombre 26

        1. Estructura humana – esqueleto.) 26

        2. Musculatura 27

        3. Sistema Nervioso 27

        4. Sistema Circulatorio 27

        5. Sistema Linfático 28

        6. Sistema Tubular 28

        7. La Piel 28

4 LEYES DIVINAS – LEYES NATURALES – LEYES MORALES 30

    1– Ley de Adoración 32

    2– Ley del Trabajo 32

    3– Ley de Reproducción 32

    4– Ley de Conservación 33

    5– Ley de Destrucción 33

    6– Ley de Sociedad 34

    7– Ley del Progreso 34

    8– Ley de Igualdad 34

    9– Ley de Libertad 35

    10– Ley de Justicia, Amor y Caridad 35

5 REENCARNACIÓN 36

    5.1 La Ciencia 36

    5.2 Religiones 36

        En el Antiguo Testamento 37

        En el Nuevo Testamento 37

        Catolicismo 38

        Espiritismo 39

    5.3 Mecanismos de Reencarnación 39

    5.4 Olvido del Pasado 40

    5.5 Reajustes 41

    5.6 ¿Reencarnar en qué Sexo? 42

        Espíritus Misioneros 43

        Espíritus Equilibrados 44

        Espíritus Moderadamente Equilibrados 45

        Espíritus Desequilibrados 45

6 BIPOLARIZACIÓN SEXUAL 47

    6.1 Cómo el Espíritu experimenta el sexo 47

        Filosofía China 48

        Civilización Griega 49

        Lo que dice la Biología 50

7 CARACTERÍSTICAS GENÉTICAS..53
   7.1 ADN: El "descubrimiento del siglo"..............................53
      Prueba Científica Experimental del Karma: ¡ADN!...........54
8 MATRICES PSÍQUICAS..60
9 PSICOSOMÁTICA Y SEXO..62
   9.1 Karma 62
   9.2 Emociones y Enfermedades 64
   9.3 Receta de Salud 65
10 SEXO EN EL MUNDO...66
   10.1 Inicio y Fin..66
   10.2 El Hombre y el Sexo...67
   10.3 Mujeres y Sexo...70
      Derechos de la mujer...70
      La Mujer en la Actualidad...76
   10.4 "Ni todos"...77
   10.5 El Joven y el Sexo 79
   10.6 El Niño y el Sexo 82
   10.7 Vejez y sexo..85
      Idoneidad sexual 86
      Caridad: ¡la mayor gratificación! 88
11 Matrimonio..90
   11.1 Monogamia...90
   11.2 Poligamia 91
   11.3 Almas Gemelas o "Mitades Eternas" 91
12 CONTROL DE NATALIDAD...94
   12.1 Demografía..94
   12.2 Métodos anticonceptivos 96

12.3 Limitación de los niños 97
13 INSEMINACIÓN ARTIFICIAL 100
   13.1 El hecho científico: "Bebé probeta" 100
   13.2 El hecho social 101
   13.3 El Hecho y la Ética 103
   13.4 El Hecho y el Espiritismo 104
14 EL ABORTO 106
   14.1 Factores Sociales 106
   14.2 Factores Económicos 107
   14.3 Factores Kármicos 108
   14.4 Luces Doctrinarias 109
      Diario de un niño que no nació 112
15 DIVORCIO 114
      Conformismo: 116
      Aceptación: 116
      Tolerancia: 116
16 PROBLEMAS SEXUALES DE LA REENCARNACIÓN 117
   16.1 Introducción 117
   16.2 Problemas congénitos 118
      Hermafroditismo 118
      Asexualismo 119
   16.3 Problemas Patológicos 119
   16.4 Problemas psíquicos 122
   16.5 Dolor/Alerta 125
17 TRASTORNOS SEXUALES 128
   17.1 Tabúes 128
   17.2 Sadomasoquismo 130

17.3 Fetichismo 131

17.4 Travestismo 132

17.5 Narcisismo 133

17.6 Sodomía 134

17.7 "Complejo de Edipo" 135

17.8 Complejo de Castración 137

18 INDECENCIA 139

18.1 Las desviaciones sexuales consideradas delitos 139

    Exhibicionismo 140

    "Frotteurismo" 140

    Mixoscopia 141

    Bestialidad 141

    Pedofilia 141

19 HOMOSEXUALIDAD 143

19.1 Intolerancia 143

19.2 Religión 143

19.3 La Sociedad 144

19.4 La prensa 145

19.5 En las Profesiones 146

19.6 Duda Cruel 149

19.7 Homosexualidad y Espiritismo 151

    Causas: 151

    La Familia 154

    Liberación 155

20 SIDA: ¿(In)justicia? 157

20.1 Primeras Noticias 157

20.2 Origen 157

20.3 Agentes Transmisores 158

    Estadísticas Alarmantes 158

20.4 Aborto y Sida: ¿Pena de Muerte, Ahora...? 160

20.5 La Cura del SIDA 160

21 LA PROSTITUCIÓN 164

21.1 La Mujer 164

21.2 El Hombre 165

21.3 Consecuencias Espirituales 166

22 SEXO: AGRAVACIONES ESPIRITUALES 167

22.1 Panorama Sexual "Desde el otro lado" 167

22.2 Vampirismo 168

22.3 Obsesión 168

22.4 Lugares Peligrosos 170

22.5 Terapia Evangélica 171

23 SEXO: PANORAMA MUNDIAL 173

23.1 Pasado – Presente – Futuro 173

23.2 La Prensa 175

24 CONCLUSIÓN 186

25 ORACIÓN 189

26 INDICACIONES BIBLIOGRÁFICAS 191

26.1 Aspectos Científicos 191

26.2 Aspectos Psicológicos 192

26.3 Aspectos Espíritas 192

"SEXO es una de esas pocas palabras que, al llegar al cerebro, abre el archivo de la memoria y extrae recuerdos, provocando casi siempre confusión mental:

- cariño, abrazos, mimos

- locura, lujuria, placer

- adopción, aborto, niños

- pasión, amante, amor

- prohibición, pecado, tabú...

SEXO: preguntas difíciles de responder:

- ¿Por qué hay homosexuales?

- ¿Por qué nacen los hermafroditas?

- ¿Son virtudes la castidad y el celibato?

- ¿Por qué la esterilidad, tanto masculina como femenina?

- ¿La impotencia y la frigidez son "castigos divinos"?

- Sexo: ¿"fin–actividad" (procreación) o "medio–actividad" (placer)?

- ¿El hombre y la mujer contienen, dentro de sí mismos, una contraparte del sexo opuesto? En caso afirmativo, ¿en qué proporciones y por qué?

- ¿Cómo se posiciona el Espiritismo ante todos estos hechos?

Tales dramas y frustraciones encuentran una explicación lógica en esta obra, demostrando la Suprema Caridad de Dios, nuestro Padre, al conceder renovada esperanza a quienes hacen mal uso del Sublime Tesoro – ¡prácticamente todos nosotros!"

Eurípides Kühl

PREFACIO

El sexo, inspiración divina para la perpetuación de las especies, se degrada en la plataforma actual del comportamiento humano, distorsionando en gran medida su esencia.

Formulamos este folleto con la modesta, pero sincera intención de trasladar luces benditas del Espiritismo para aclarar las dudas que cualquier lector pueda albergar en su interior.

Nada es de nuestra propia creación en cuanto al pavimento de los caminos pedregosos de las tormentas sexuales. Las aclaraciones aquí contenidas fueron inspiradas en la palabra escrita de los mentores espirituales y consagrados en la literatura espírita.

Nuestra, justa y única, la buena voluntad, como un niño que un día fue arrojado siendo semilla de un árbol de baobab en la tierra santa que Dios dio a todos para vivir.

La semilla, después de germinar, se convertirá con el tiempo en un árbol majestuoso, bajo cuya sombra los pájaros construirán nidos y los peregrinos encontrarán consuelo.

Naturalmente, no podemos hacer tanto. Pero lo estamos intentando...

Para explicar las causas de los padecimientos causados por el desorden sexual, no hay nada que se compare con la lógica y la irrevocable sencillez de las concepciones espíritas.

El sexo es, como fin de la actividad – amor en comunión y perpetuación de la especie –, un valioso instrumento para integrar la criatura con el Creador; su distorsión en una actividad de medios – lujuria –, es una climatización del bien.

La moral cristiana recomienda el comportamiento samaritano. Las siguientes líneas pretenden ser un pequeño bote salvavidas, para eventuales náufragos que un día se embarcaron en las aguas de la lujuria.

¡Ayudar, y ayudar siempre, es lo necesario!

¿Quién de nosotros puede tirar la "primera piedra"?

Un día lejano, es seguro, todos estaremos llenos de paz. Con la evolución, el éxtasis sexual momentáneo será reemplazado por la realización de ideales cada vez más sublimados, que conducen a otro éxtasis: el espiritual, éste sí, ¡permanente! Seremos almas hermanas en equilibrio, no en parejas, sino unidas, todas para la felicidad.

La Humanidad se expandirá entonces hacia la unión con hermanos de otros mundos, en busca de la fraternidad universal.

1. INTRODUCCIÓN

Se dice que Sigmund Freud (1856 – 1939), el "padre del Psicoanálisis", ante la pregunta de una madre entusiasta y halagadora, cuándo debía iniciar a su pequeño hijo en el aprendizaje sexual, dijo:

– "¿Qué edad tiene el chico?"

– "Un añito..."

– "Entonces corra mi señora, porque ya ha perdido un año."

En verdad, el gran médico austriaco, cuando afirmó que "todo gira en torno al sexo", acertó en el 50% de la realidad humana.

La reencarnación, que no incluyó en sus declaraciones representa el otro 50%.

De hecho, si el científico emérito hubiera encuadrado la Psicología dentro de las coordenadas de la reencarnación, la Humanidad habría obtenido valiosos apoyos para resolver sus mayores inquietudes: ¡las inquietudes sexuales!

En sus fuentes, las angustias sexuales son como finas lavas magmáticas que, cuando se proyectan abruptamente desde el incandescente interior de la tierra hacia la superficie; generalmente producen tumultos, incendios, nubes de ceniza ocultando el Sol, traduciéndose todo en desesperación y dolor.

Tales son crisis que, inesperadamente, también irrumpen en la criatura humana, trayendo en su interior preguntas ni siempre respondidas, en cuanto al "por qué" origen y causa de los conflictos sexuales.

"Desevangelizado", el hombre moderno se debate en las tormentosas aguas de la pasión, sumiso al caudal exigente y destructivo del deseo; poniéndose a navegar por caminos traicioneros, mediante atractivos e irresistibles llamados de la libido, tan poderosa como desorganizada.

Se crean con avidez infinitas aberraciones que resultan en desesperación por consecuencia lógica.

Dándole la razón a las sugestiones de placer, muchos transitan por las vertientes del éxtasis y se sumergen en el gran reservorio de iniquidades, cuya salida es a menudo, lamentablemente, el suicidio.

Y con un grave agravante: a su trágico individualismo, se suman, bajo su responsabilidad y a sus órdenes, muchas almas infelices, ya feroces enemigas del futuro, cobradores incansables...

Y es que, casi siempre, la desgracia sexual tiene un efecto dominó inevitable en las víctimas.

¡Dios; sin embargo, no abandona a ninguno de sus hijos!

Como si la presencia física de Jesús entre nosotros, hace dos mil años, cuyas enseñanzas evangélicas han resonado desde entonces y resonarán por toda la eternidad, no fuera suficiente, se nos ofreció un bendito consolador.

Allan Kardec (1804 - 1869), maestro lionés, pedagogo emérito, lanzó en 1857 *"El Libro de los Espíritus"*, que contiene las bases del Espiritismo, que él mismo codificó.

Otras cuatro obras literarias posteriores aportaron la convicción que la Doctrina Espírita es la "Tercera Revelación" – Moisés, la primera; Jesucristo, la segunda.

Hay sencillez cristalina y profundidad lógica en los conceptos espíritas:

- reencarnación;
- ley de causa y efecto;
- reforma íntima;
- comunicabilidad con los espíritus.

No hay persona que, libre de prejuicios, después de haber analizado cuidadosamente las premisas espíritas, haya encontrado en ellas irregularidades religiosas, filosóficas o morales.

Por el bien que el Espiritismo ha difundido entre los afligidos y quienes lo profesan, es lícito considerarlo, efectivamente, el "Consolador Prometido" del que habló Jesús (Juan, 14:15,16,17,26).

2 RESPUESTAS AL HOMBRE EXTERIOR Y AL HOMBRE INTERIOR

2.1 La duda

En la búsqueda de la verdad, el hombre busca respuestas, desde el primitivismo hasta el cientificismo actual.

En casa, en la oficina, en la industria, en el comercio o en el club, fantásticas condiciones de vida, nunca antes soñadas, le muestran que el progreso y la evolución material, por sí solos, no traen la paz.

Falta algo.

Todavía queda mucho por caminar.

En sus viajes, ya salió de la Tierra.

Regresó sin respuestas.

Al sistema solar y más allá, envió dispositivos que exploraban mundos extremadamente distantes, ofreciendo fotografías de paisajes inexplicables.

Su visión, ampliada por telescopios electrónicos, miraba el Tiempo, anulando todas las mediciones posibles, ¡ya que se identificaban cuerpos celestes a miles de millones de años luz de distancia!

En la Medicina, aunque siguen siendo traumáticas, las cirugías cerebrales, cardíacas, vasculares, de trasplantes y de otro tipo han aumentado la esperanza de vida humana. Como resultado, la población mundial ha ido creciendo progresivamente:

- en 1830: mil millones de habitantes
- en 1930: 2 mil millones
- en 1975: 4 mil millones
- en 1987: 5 mil millones[1]

Estimativamente:

- en 1966 la Humanidad alcanzó: 3 mil millones
- ¡antes del año 2000 alcanzará los 6 mil millones!

Incluso con tanta gente a su alrededor, el hombre todavía no ha encontrado la felicidad, porque en el mundo prevalece la competencia.

El mundo de hoy, con más de 5 mil millones de habitantes:

– ¿Cuántos son nuestros amigos? ¿Y cuántos nos consideran sus amigos?

Las religiones y sectas proliferan rápidamente, a medida que los ojos y los corazones ansiosos buscan, en otro lugar, lo que les da la paz interior con la que sueñan.

Y las respuestas no llegan.

2.2 El Origen

Sin embargo, todas las respuestas están dentro del propio hombre.

---

[1] Andrew C. Varga, "The main issues in bioethics", revised edition, Paulist Press, Nueva York, 1984, p. 25-26.

Dios, Creador de todo y de todos, creó a los hombres simples e ignorantes, con la evolución permanente como destino. Él equipó a todos con Su chispa: ¡La Conciencia!

La conciencia tiene dos mitades: la inteligencia y el libre albedrío.

Las Leyes Naturales, desde siempre pre establecidas, inmutables, justas, perfectas, infalibles, en estrecha conexión con la conciencia, han ido guiando al ser hacia su destino, hacia la eternidad: siempre evolucionando.

Por evolución se entiende la adquisición y la práctica constante de las virtudes, con el consiguiente destierro de los defectos.

Como fuente permanente de energía para realizaciones constructivas, el hombre recibió del Padre un tesoro sublime: ¡el sexo!

2.3 El Despertar

En los albores de la Humanidad prevaleció el materialismo, utilizando intérpretes considerados fieles: los sentidos físicos.

Alimentación, vestido, agua y perpetuación de la especie, forman el marco de exigencias que deben satisfacerse, cueste lo que cueste, bajo pena de no supervivencia.

Después... las emociones y fantasías impregnaron la mente humana durante milenios. Los sueños habitaron la inmensidad de los siglos, cuya noche se perdió en los rincones del tiempo.

Luego, en Su infinita bondad, el Padre dirigió a niños más evolucionados para que despertaran a hermanos mentalmente dormidos.

Los sueños, bajo la luz de la razón, comenzaron a materializarse; es decir, las criaturas comenzaron a levantar la vista al cielo, tratando de identificar fuerzas poderosas, invisibles e intangibles, pero seguramente provenientes de allí.

2.4 El Ser Humano y el Espíritu

El hombre, apoyado en su propio razonamiento y bajo la luz de factores encarnados y desencarnados, adquirió paso a paso la certeza de la existencia del espíritu, como parte de sí mismo, certeza lejos de ser intuitiva, hoy indeleble.

Progresando siempre, aprendió y demostró que cada ser, en realidad, es una esencia única como espíritu, pero trina como persona.

Es una afirmación espírita que el Creador, en Su maravillosa ingeniería, dotó a todos los espíritus con ropa adecuada para aprender y las escuelas a las que tendría que asistir.

Al espíritu, creación original, lo vistió con el periespíritu.

Al periespíritu, con el cuerpo físico.

Escuelas: los diversos mundos estelares.

Reglas de conducta: Leyes Naturales.

Inicio: creación.

Fin: la eternidad.

Plan de estudios: convivencia con los demás.

Periodicidad: permanente, a través de los mecanismos de la reencarnación – vidas terrenas sucesivas, de un mismo espíritu, pero en diferentes cuerpos.

3 LA TRINIDAD HUMANA: ESPÍRITU, PERIESPÍRITU, CUERPO CARNAL

3.1 *El Espíritu*

Esencia divina, individualizada, imperceptible a los sentidos físicos.

"Es el principio inteligente del Universo"

El Libro de los Espíritus – pregunta 23:

"Es una llama, un destello o una chispa etérea"

Ídem, pregunta 88:

"Su color varía desde el oscuro hasta el brillo del rubí, según la mayor o menor pureza"

Ídem, pregunta 88-a.

El Espíritu tiene un comienzo: su creación.

No tiene fin: es eterno.

Para su evolución – ley natural permanente – utiliza el cuerpo humano, perecedero en cada existencia – fenómeno de muerte –; todavía utiliza el cuerpo periespiritual – siempre el mismo –, hasta el final de su aprendizaje terrenal.

Sobrevive a la desintegración de la materia. física – cuerpo humano, después de la muerte –, y cuando está en la Tierra, ha evolucionado lo máximo posible y meritoriamente es transferido a mundos más felices, dejando atrás la envoltura periespiritual, tan frecuentemente utilizada. Esta envoltura regresa al fluido cósmico universal, su origen.

Al llegar al mundo más feliz, extraerá la porción de fluido cósmico universal necesaria para la formación de su nueva envoltura periespiritual.

En él, el espíritu, posee:

inteligencia, sede de la razón:

conciencia, sede de las leyes divinas;

libre albedrío, que impone responsabilidad – capacidad de distinguir el bien del mal.

3.2 El periespíritu

Recubrimiento fluidico del Espíritu, formado a partir de materia astral del planeta que habita, moldeable en la Tierra, con cada reencarnación.

El molde, que contiene las matrices psíquicas. determinará en el cuerpo físico: sexo, salud, duración.

Es, por excelencia, el vínculo entre el espíritu y el cuerpo físico.

Las matrices psíquicas contienen el equilibrio entre el "débito" y el "crédito" del espíritu, según sus acciones, en el bien o en el mal, consideradas sus vidas pasadas, desde su creación.

Es las sede de las emociones, materiales o espirituales, de ahí su importancia para lo terrenal, ya que es el delimitador del confort o malestar – salud o enfermedad, física o espiritual.

Sí: es una ilusión considerar sensible el cuerpo físico. En verdad es completamente insensible. Toda sensibilidad "física" es producto de mensajes enviados por los nervios al cerebro y de allí al periespíritu.

En efecto, quizás no sea exagerado considerar las células nerviosas – todo el sistema nervioso –, como la parte "más densa" del periespíritu.

Las células nerviosas, llamadas neuronas, no se renuevan ni se desgastan a lo largo de la existencia física. Sin embargo, siguen el crecimiento del cuerpo y se hacen más largos. Además: no desencarnan ni reencarnan, pues pertenecen al periespíritu. Las cirugías actuales que reconstituyen o suturan dichas zonas, cuando están lesionadas, con pérdida de la parte material, han tenido éxito en obtener funciones de reposición. Las neuronas son altamente especializadas y entre sus propiedades están el desgaste con la actividad y la recuperación con el reposo. Esto constituye un indicador fiel del cansancio, estableciendo un límite para el trabajo físico y/o mental.

La desobediencia puede causar daños irreparables. incluyendo la muerte. En la parte mediúmnica, igualmente, los médiums no deben excederse, ya que toda actividad se realiza a través del sistema nervioso. Especialmente en el trabajo de desobsesión, será razonable asistir a hasta dos reuniones semanales. Aunque la ayuda de protectores espirituales en la reposición de energía, debido a su propia elevación, no "protegen" posibles abusos. Corresponde a los propios médiums y líderes encarnados definir los límites entre el sentido común y el exceso.

La ausencia del espíritu – muerte –, demuestra que el cuerpo sin él se convierte en materia inerte, absolutamente sin reacción al dolor.

La anestesia, mediante un proceso químico, inhibe momentáneamente la acción del sistema nervioso y así elimina el dolor.

El mantenimiento de la vida física depende de los impulsos recibidos del periespíritu, el cual, a su vez, utiliza un vehículo auxiliar – el "doble etérico" –, para capturar, metabolizar y transferir energías al cuerpo físico.

Así, el periespíritu es una herramienta del karma (karma, del sánscrito = acción), siendo bueno o malo, dependiendo de la práctica de buenas o malas acciones, en ésta o en vidas pasadas.

Es perecedero: al final del aprendizaje terrenal, de la evolución, el espíritu irá a otros mundos, a otras paradas, cada vez más elevadas, en su trayectoria infinita de progreso moral.

La materia astral abandonada regresará al fluido cósmico universal, de donde provino.

En el nuevo mundo, el espíritu se apropiará de la materia existente, procedente también del fluido cósmico universal, para formar con ella una nueva capa.

3.3 El Doble Etérico

Como su nombre lo dice, formado a partir de éter, reproducción exacta de los elementos materiales densos, en un plano más sutil.

No tiene órganos caracterizados, pero sí vórtices o "chakras" – del sánscrito = ruedas –, que son centros de energía y puntos de conexión con el periespíritu.

La función del doble etérico es absorber la energía solar, es decir la vitalidad universal – llamada "Prana" por los hindúes –, distribuyéndola por el cuerpo físico.

Es un vínculo entre el cuerpo físico y el cuerpo periespiritual.

Es responsable de las acciones eléctricas y magnéticas externas del cuerpo carnal.

Proporciona en gran medida la base física – ectoplasma –, para los fenómenos espiritistas de materialización.

En casos excepcionales, se disocia del cuerpo físico, adquiriendo una apariencia absoluta similar, y puede ser visto por personas videntes en los lugares distantes donde se encuentra.

3.4 Los Chakras

Son ingeniosas aberturas en la superficie del doble etérico, en giro permanente, vorticoso – formando un torbellino –, absorbiendo la energía solar.

La energía así capturada y difundida a través de los nervios, dirigido a los órganos físicos condicionados para metabolizar los alimentos y, al periespíritu, medio para controlar comandos automáticos – vegetativos –, de mantenimiento de la vida.

Entonces, maravillosas, invisibles y silenciosas herramientas de acción permanente en el camino terrenal, ¡trabajando para que el hombre pueda cumplir su destino, sin siquiera darse cuenta...!

Los chakras parecen ser pequeños abanicos o ventiladores, con sus pétalos siempre girando, porque por ellos pasan las energías cósmicas.

Captan las vibraciones de los fluidos espirituales y las transfieren a los nervios, de donde se irradian a todo el cuerpo físico.

3.5 El Cuerpo Físico

Desde el punto de vista de la química, el cuerpo humano es un agregado de elementos químicos, reunidos y combinados de forma altamente especializada, compuesto por:

- oxígeno 72%
- carbono 13%
- hidrógeno 9%
- nitrógeno 2%
- calcio 1%
- fósforo 1%
- otros 2%

TOTAL 100%

Todos los elementos juntos, si se vendieran, alcanzarán un precio de mercado (marzo/92) que no excederá los 2.000,00 Cr$ – poco más de un dólar...

Reunidos y mezclados de mil maneras, en las proporciones anteriores, o en cualquier proporción, no piensan, no hablan, no actúan.

Sin embargo, si juntamos vidrio, cobre, hierro y otros elementos en una estructura compleja llamado televisión, transmitirá discursos, pensamientos, canciones, enseñanzas, etc. "hablará", "pensará", "cantará", "enseñará", etc.

– ¿Como sucedió todo esto?

En el caso de la televisión, la disposición electrónica adecuada lo convierte en un reproductor de sonidos y acciones en pantalla, respondiendo a ondas invisibles, estrechamente sintonizadas, en la fuente de emisión.

De manera infinitamente superior, Dios reunió la forma humana, capaz de responder a cualidades propias de mundos más sutiles.

Esta forma divinamente elaborada, que alberga al espíritu, le permite amar, pensar y actuar, simultáneamente como receptor y transmisor, tanto en el plano material como en el espiritual.

Este grupo, maravilla de las maravillas, tiene la capacidad de crear sus propios programas de acción, de los que sigue siendo el único responsable.

Infinitamente bien organizado, el cuerpo físico, envoltura del espíritu encarnado, es un don incomparable de Dios, por lo que debe ser tratado con el mayor respeto y mantenido en las mejores condiciones posibles.

Hay un aspecto poco considerado por los estudiosos – biólogos, fisiólogos, anatomistas e incluso espiritistas: es el hecho que el cuerpo humano, de hecho, no es solo uno, sino varios.

De hecho, podemos distinguir, entre otros, los principales, absolutamente compenetrados entre sí:

1. armazón humano – esqueleto;
2. musculatura;
3. sistema nervioso;
4. sistema circulatorio;
5. sistema linfático;
6. sistema tubular;
7. la piel.

Cada uno de estos "subcuerpos" está formado por diferentes órganos.

Sus frecuencias vibratorias también son diferentes, como el sistema solar, con sus diferentes planetas y satélites, cada uno con su propia órbita, composición y dimensión.

El sistema solar se mantiene en perfecto equilibrio gracias a la armonía suprema: Dios.

El hombre también tiene una partícula de Dios dentro de él: el espíritu.

De esta manera, así como el Sol mantiene vivos a sus planetas, el espíritu transmite al cuerpo físico las condiciones para mantenerlo.

Por eso todas las enfermedades que visitan al hombre tienen como primera causa al mando del todo: el espíritu. De hecho, los mentores espirituales nos vienen advirtiendo desde hace tiempo que en realidad no existen enfermedades, solo personas enfermas.

Tales causas, si no están ligadas a la vida presente, ciertamente forman parte de deudas contraídas en vidas pasadas, de lo que podemos concluir que incluso las enfermedades, o las debilidades de nacimiento, forman parte de los rescates.

En este punto, una vez más debemos bendecir la nueva Medicina, que tantos dolores alivia.

Sin embargo, el deber que recomienda la gratitud es agradecer al Creador, que la puso entre nosotros, insensatos sufrientes que persistimos en darle la espalda al Evangelio, brújula segura para la salud y la paz.

3.6 Subcuerpos del Hombre

Algunas consideraciones

1. Estructura humana – esqueleto.)

Maravilla de concepción mecánica, formado por 206 piezas – huesos.

Proporciona rigidez o flexibilidad al cuerpo para realizar movimientos de forma conjunta.

Comenzando por las manos, resulta difícil imaginar un prodigio similar de estética, ingenio y eficacia.

Peso por peso, los huesos son más fuertes que el acero más fino. Aparentemente de superficie lisa, en realidad están perforados por innumerables finos orificios, por donde penetran arterias, venas, vasos linfáticos y nervios, dirigiéndose hacia el interior, la médula ósea.

La médula ósea no produce nada. ¡Menos de 180.000.000 de glóbulos rojos por minuto, o 260.000.000.000 por día!

2. Musculatura

Su finalidad principal es dar movimiento a los huesos y otras partes del conjunto.

Actúa voluntaria y/o involuntariamente.

Involuntariamente, asegurando la vida interna al conjunto, haciendo latir el corazón y los pulmones, ofreciendo propulsión desde la alimentación hasta los canales digestivos, además de otras obligaciones.

3. Sistema Nervioso

Podemos considerarlo, como ya se ha dicho, la parte menos sutil del propio periespíritu, es la fiel transmisora de todas las sensaciones que allí se encuentran.

De la cabeza a los pies, en todas las partes del cuerpo humano, estos "cables telefónicos" envían mensajes de control, al mismo tiempo que transmiten mensajes y también brindan respuestas.

Sin duda, une el periespíritu con el cuerpo físico.

4. Sistema Circulatorio

Transporta plasma sanguíneo por todo el cuerpo, nutriendo las células y eliminando la materia no utilizada.

Íntimamente ligado al corazón y a los pulmones, trae desde allí sangre pura por vía arterial, devolviéndoles las impurezas a través de las venas.

5. Sistema Linfático

Intrínsecamente asociado al sistema circulatorio. Sigue el curso de arterias, venas y capilares.

Es el "sistema de drenaje" del cuerpo porque acumula la linfa – líquido de color blanco amarillento o incoloro, de composición cualitativa similar a la del plasma sanguíneo –, expulsada de los capilares de todas las partes del cuerpo, hacia los tejidos, limpiándolos y devolviéndolos a la red venosa.

6. Sistema Tubular

Tubo digestivo y respiratorio, que comienza en la boca y continúa por el estómago y llega a los intestinos.

Absorbe los alimentos, preparándolos para la asimilación, excluyendo de ellos las materias inutilizables para su excreción.

Con el apoyo de los órganos respiratorios, oxigena la sangre, expulsando al aire el material gastado o inútil.

7. La Piel

Es el elemento que traza los contornos externos del grupo.

Es una barrera altamente protectora contra la invasión de elementos extraños.

Regulador permanente de la temperatura de toda la unidad, interna y externamente, mantiene la humedad interior en niveles ideales, proporcionando la evaporación del exceso de humedad.

Se renueva cada dos años.

Los conjuntos descritos anteriormente, combinados armónicamente, forman el ser encarnado.

Sin comando, no representan nada.

El magnífico ingenio divino se pone en acción cuando comienza la vida, ya en la concepción, bajo el control absoluto de leyes naturales, que, por el momento, escapan a la completa comprensión humana, tal es su perfección.

El Padre, toda caridad y amor; sabiduría y justicia, presta a Sus hijos este sublime dispositivo, bajo la recomendación dictada por el instinto de conservación que sean fieles custodios de tan sagrada concesión.

Dicho préstamo se otorga tantas veces como sea necesario.

Es por eso que podemos afirmar con seguridad que Dios está en nosotros y nosotros en Él.

- ¡¿Quién más, incluso lejos, podría pensar en una generosidad tan infinita?!

4 LEYES DIVINAS – LEYES NATURALES – LEYES MORALES

En este trabajo, serán citadas en todo momento, las leyes divinas o leyes naturales, o incluso leyes morales.

Las tres citas se refieren a la misma idea, expresada por Allan Kardec, en el "Libro Tercero" de "*El Libro de los Espíritus*", con el cual lanzó magistralmente al mundo las bases de la Doctrina Espírita – ¡eso en 1857!

En su conjunto, estas leyes señalan el camino moral que debe seguir el hombre para progresar y ser feliz.

Kardec, astuto observador, consideró que el correcto actuar de cualquier ser humano, tenga o no creencias religiosas, debe ser juzgado por los parámetros de las leyes naturales.

Desafortunadamente, algunos hombres, a veces ingenuamente, como "el zapatero que va más allá de sus sandalias", creyéndose legisladores infalibles de las cosas sociales, se autoproclaman "revisores de las leyes de la naturaleza."

Solo un ejemplo: hay personas que consideran la cirugía de cesárea como una corrección que el hombre hace a la naturaleza.

Tremenda equivocación.

Si entendieran la ley de causa y efecto, desde la perspectiva prospectiva de la reencarnación, sabrían que en una cesárea hay varios factores presentes, interconectados y no mutuamente excluyentes:

- la mujer embarazada que necesita cirugía tiene una anomalía física que impide un parto normal;

Estos casos son raros, ya que la mayoría de las cesáreas ocurren porque:

    a. el niño, por alguna razón, se impide pasar por el canal cervical;
    b. hay urgencia de retirar al niño;
    c. por elección de la gestante y su familia, etc.;

- si es una persona virtuosa, este tormento no le podría haber sido impuesto, considerando que Dios es sabio y justo;
- si en esta vida no hay culpa, ni deuda por rescatar, necesariamente las causas se encontrarán en un solo punto posible: en el pasado;
- fuera de la lógica reencarnacionista, expresada en el punto anterior, cualquier sufrimiento, en criaturas inocentes – en particular los niños –, arrojaría al banquillo de los acusados a la justicia divina, lo cual es inaceptable;
- la Medicina terrenal ha alcanzado hoy una capacidad asombrosa para aliviar el sufrimiento físico y esto, repetimos nuevamente, es una gracia del Creador, porque si tan solo la anestesia no existiese...

La verdad es que las leyes terrenales son transitorias, sujetas a rectificación permanente, mientras que las Leyes Divinas son maravillosamente perfectas, inmutables y eterna, como Dios mismo.

El hombre todavía está lejos del conocimiento completo de las cosas naturales, por lo que será mejor experimentar lo que ya sabe sobre ellas.

Para los humildes, la Naturaleza siempre tiene cosas que enseñar. En todos los actos y hechos de la vida, pregunten siempre a su conciencia cuál debe ser el rumbo o decisión a tomar y recibirán respuesta en el eco de la palabra del Padre, pues es allí donde Él habita en nosotros.

Seguir la conciencia es ir al bien.

Negarla es convertirse voluntariamente en deudor del equilibrio universal de la justicia.

Amigo lector:

– si no eres espírita, permítenos breves comentarios sobre las 10 leyes divinas que Kardec enumeró, obteniendo del "Espíritu de la Verdad" – consejero espiritual –,) análisis detallados, en sus aplicaciones morales:

1– Ley de Adoración

Sentimiento innato que lleva al hombre, desde el corazón, a buscar a Dios, comúnmente a través de la oración.

En todo momento, todas las personas, incluso de forma grosera, siempre han sido conscientes de esta ley, respetándola con gran respeto.

2– Ley del Trabajo

Requisito natural, que garantiza la supervivencia y el progreso material.

Espiritualmente; sin embargo, el hombre puede y debe trabajar aun más duro, utilizando su conocimiento y su inteligencia en favor de los demás.

3– Ley de Reproducción

Mecanismo divino por el cual los nacimientos se repiten, en todos los reinos de la naturaleza.

El propio reino mineral se reproduce, de forma diferente y en una escala de tiempo mucho mayor que en los vegetales, animales u hombres: la sedimentación de la materia volcánica, los terremotos y las tempestades que asolan la tierra, descomponiendo substancias, que se transportan a otros sitios, donde se reagrupan en otros elementos, formando el cristal de roca, cuarzo incoloro, etc. pueden estar obedeciendo a esa ley.

El carbón, acumulado por milenios, se transforma en diamante – carbón puro, mineral monométrico.

En los animales, el instinto sexual constituye una garantía de la manutención de la especie.

En los hombres, además de eso, es el sublime tesoro, como fuente inagotable de energías.

Además, al instinto sexual, el Creador le añadió el placer físico.

4– Ley de Conservación

Los animales y los hombres nacen dotados del instinto de conservación, apuntando a la naturaleza que se mantengan con vida, evitando el peligro y el dolor.

La alimentación, el vestido y el descanso son aspectos de esta ley. Solo está justificado contradecirlo cuando pretende exclusivamente, el bien de los demás, tales como:

- nuestros actos heroicos en los que el agente, para salvar la vida de alguien, se expone, arriesgándose a perder la vida;
- desinterés, privarse de alimento, agua o vestido, cuando sea insuficiente y extremadamente necesario para los demás.

5– Ley de Destrucción

La destrucción, aquí, debe entenderse como transformación, regeneración.

Se puede arar, cultivar, plantar y luego de la cosecha volver al mismo ciclo, este es un ejemplo elocuente de la institución de esta ley.

Nosotros mismos, cuando nacemos, pesamos apenas unos pocos kilos. En la edad adulta... la balanza ya está en su camino. sube allí... Cuando morimos, el cuerpo se descompone reincorporándose a la madre Tierra, la cual formará nuevos cuerpos...

6- Ley de Sociedad

La Naturaleza creó al hombre como un ser gregario; es decir, para vivir junto con los demás. Resulta de esta convivencia el progreso, individual y colectivo, material y espiritual.

La familia, evidentemente, es la principal consecuencia de esta ley: es una microsociedad, en la que se evidencia y refleja la verdadera sociedad.

7- Ley del Progreso

Destino inamovible de todos los seres: ¡la evolución!

Naciendo, viviendo, equivocándose, haciendo las cosas bien, luchando, amando, muriendo, renaciendo una y otra vez, así es como el hombre se acerca a Dios.

Esta ley sacó al hombre de las cuevas y, para que pudiera hacer matemáticas, reemplazó sus dedos por una computadora.

8- Ley de Igualdad

Dios creó a todos los hombres iguales, en inteligencia, libre albedrío, medios y oportunidades.

Por voluntad, cada persona desarrolla y dirige sus habilidades en una determinada dirección.

Los éxitos o fracasos son consecuencia única y exclusiva de la elección realizada.

Podemos incluir aquí el concepto de qué es el "karma":

- Palabra que en sánscrito significa acción, pero que actualmente se utiliza para definir "shock de retorno", "acción y reacción", "causa y efecto", etc., que mantiene los mismos fundamentos.
- La riqueza o la miseria son etapas de la evolución, para la adquisición de experiencias o para la purificación de malas tendencias.
- Un cuerpo a veces masculino, a veces femenino, son situaciones que suscitan atisbos del mismo espíritu, en valiosos aprendizajes.

Cuando alcanzan niveles significativos de progreso espiritual, los espíritus se convierten en trabajadores del Señor, ayudando incesantemente a quienes sufren más atrás.

9– Ley de Libertad

Las fronteras de nuestra libertad terminan exactamente donde comienzan las de nuestro prójimo.

Esto es válido para personas, familias, grupos, ciudades, países, sociedades, en definitiva.

En este contexto, la esclavitud humana fue – y es, dondequiera que exista –, ciertamente la máxima degradación social.

La única libertad completa que tiene el hombre es la de pensar.

Aunque nuestros pensamientos no tienen fronteras, responderemos por ellos, ante el juicio infalible de nuestra conciencia.

10– Ley de Justicia, Amor y Caridad

- *Justicia*: igualdad de derechos y deberes, universalmente.
- *Amor*: cariño profundo, por todo y por todos, sin restricciones; comunión plena y permanente con la naturaleza; respeto a Dios y los demás.
- *Caridad*: perdón incondicional a los enemigos o a quienes nos hacen daño; tolerancia hacia las imperfecciones de los demás; apoyo a los necesitados, encarnados y desencarnados.

5 REENCARNACIÓN

5.1 La Ciencia

Actualmente existen científicos, en todo el mundo, comprometidos con la solución de problemas psicológicos que afectan a un gran número de personas.

- El parapsicólogo indio Prof. El Dr. Hamendras Nat Barnejee, profesor de la Universidad de Jaipur, Rajastán, India, es conocido mundialmente como "el científico de la reencarnación";
- El Prof. Dr. Ian Stevenson, director del Departamento de Neuropsiquiatría de la Universidad de Virginia, Estados Unidos, tiene el libro de su autoría *"Veinte Casos que Sugieren la Reencarnación"*;
- El Prof. El Dr. Wladimir Raikov de la Universidad Moscú, es una de las celebridades en la investigación sobre la *"memoria extra cerebral."*

Los nombres antes descritos, de exponentes de la investigación científica, aportan el principio de seriedad a la reencarnación, excluyendo las falsas nociones que no es más que simple creencia o superstición.

5.2 Religiones

El fundamento filosófico y doctrinario de la reencarnación siempre ha existido, desde la más remota antigüedad:

- en las epopeyas de los hindúes;
- en las enseñanzas egipcias;
- en la antigua Persia;
- en las enseñanzas budistas.

En el Antiguo Testamento
- En Jeremías (1,5), la palabra del Señor lo consagró y lo nombró Profeta para las naciones, *"antes de su formación en el seno materno."*

    La justicia divina no sería imparcial, ni justa, incluso si santificara a un hombre en el vientre materno, con tan sublime bendición y con tanta elegancia, distinción, si no hubo preexistencia del alma, donde la evolución espiritual ya era garantía de tan gran mérito. La reencarnación es una demostración de la incomparable bondad divina, brindando a todos los hombres infinitas oportunidades de evolución, a través de diversas experiencias, reconstruyendo lo que han destruido o reconciliándose con posibles enemigos...

- En Malaquías (4-5), está claro que el Profeta Elías regresa...

En el Nuevo Testamento
- En Mateo (11:11-14), Jesús afirma que Juan Bautista *"el mayor entre los nacidos de mujer era Elías, el que había de venir..."* y lo reafirma, todavía en Mateo (17-12.13) : *"... Elías ya vino, y no lo reconocieron... Entonces los discípulos comprendieron que les había hablado de Juan el Bautista."*
- En Juan (3:1-15), Jesús le dice claramente a Nicodemo, maestro de los judíos, que solo el hombre que nace de nuevo puede ver y entrar en el Reino de Dios.
- En Juan (14:2), Jesús afirma *"en la casa de mi Padre hay muchas moradas…"*

Debido a un error de traducción, "moradas" se ha entendido como casa o mansión.

Hay que considerar que, en la época, "morada" significaba posadas y casas de descanso – gratuitas –, a orillas de las vías del Imperio Romano.

Se rescata así esta sugerente alusión del Maestro, entendiendo que se refería a las "varias posadas" de las que goza el espíritu, en cada vida, en la "casa de su padre."

Catolicismo

– Hasta el siglo VI – año 553 –, la Iglesia Católica Romana, representando el cristianismo oficial, aceptaba la reencarnación. Ese año; sin embargo, lo abolió de sus dogmas, en el II Concilio de Constantinopla, a partir de entonces, toda mención relativa a la reencarnación quedó excluida de los Testamentos, tanto Antiguo, como el Nuevo.

Como hipótesis viable para una medida tan drástica, está el hecho que las "indulgencias" – remisión total de las penas temporales merecidas por el pecado –, que constituían una de las fuentes de ingresos de la Iglesia, rara vez tenían demanda. Esto se debe a que la reencarnación demostró, como siempre lo ha demostrado, que la justicia divina nunca aprobó el perdón "comprado."

Si investigamos las enseñanzas del Nuevo Testamento veremos que no hay oposición a la doctrina reencarnacionista.

- Origenes (185 – 254), doctor de la Iglesia griega, el discípulo más famoso de San Clemente de Alejandría, y probablemente el más brillante y culto de los Padres Eclesiásticos, en su famoso tratado *"De principiis"* – De los Principios –, rescata muchas de las enseñanzas cristianas del siglo II.
Dice que San Juan Bautista "estaba ya en el vientre de su madre lleno del Espíritu Santo", preguntando: ¿De dónde viene la justicia de Dios, que antes de nacer ya contemplaba a uno de sus hijos con tantas gracias?

La respuesta, lógica y moral, está en la reencarnación, que ilumina la cuestión, atribuyéndola al mérito de Juan, acumulado en vidas anteriores.

El famoso caso narrado en "Génesis" 25–31 y a lo largo del capítulo 27, refiriéndose a los hermanos Jacob y Esaú – Jacob compró la primogenitura a Esaú, por un plato de lentejas, con la cual tuvo la bendición de Isaac, su padre; más tarde, Esaú, cuando recibió la misma bendición, fue enviado por Isaac lejos de los lugares fértiles – fue rebatido, aun por Orígenes, la opinión de la escuela calvinista que la presentó como "predestinación."

Afirma el brillante pensador griego, de acuerdo con San Jerónimo, en la "*Carta a Avitus*", que "Esaú fue condenado a una vida más difícil a causa de sus antiguos pecados"

Espiritismo

Considera el progreso continuo e incesante del hombre, condición inherente al principio espiritual. La evolución, por lo tanto, no podría ocurrir ni lograrse en tan solo unas pocas vidas humanas, por lo que continúan mucho, brindando innumerables experiencias en el cuerpo físico. En paralelo a esta evolución, realizada a través de la reforma íntima, hay iluminación espiritual. Si hay errores que rescatar, esto se hará ya sea a través del dolor, ya sea mediante el bien a los demás que se logra con la fraternidad.

5.3 Mecanismos de Reencarnación

El hombre encarnado tiene tres cuerpos distintos: *espíritu*, revestido de *periespíritu*, a su vez revestido del *cuerpo físico*.

Estos tres cuerpos se yuxtaponen formando un todo, con el cual el ser ubicado en el planeta Tierra cumple su destino purificador y evolutivo.

La pedagogía divina ha concedido a todos los hombres las mismas oportunidades desde su creación. La institución de vidas sucesivas, mediante reencarnaciones, es otra maravilla natural. El hombre nace, crece, muere y renace, tantas veces como sea necesario, hasta alcanzar el progreso moral, un pasaporte seguro a los mundos más felices.

En estas idas y venidas, la criatura humana, en dinámica constantemente, acumula experiencias y con ello adquiere aprendizajes. Todas sus acciones forman un archivo vivo, individual y situado en el espíritu, para que cada persona sea la única responsable de sus propias acciones.

El equilibrio entre la práctica del bien o del mal, determinado en la espiritualidad entre una existencia y otra, dictaba ante la ley de justicia, las condiciones de cada reencarnación.

Las leyes naturales conceden generosamente moratorias, descuentos, acuerdos, atienden solicitudes, ajustan los hechos, todo para que el reencarnado pueda liberarse de su "mal karma", sin por ello perjudicar jamás la perfección moral de sus fundamentos jurídicos.

5.4 Olvido del Pasado

Cuando encarna, debido a la sublime bondad del Creador, la criatura no recuerda el pasado.

Aunque las huellas pueden identificarse fácilmente a través de las tendencias, no existe una memoria completa, ya que esto robaría el equilibrio individual y destruiría por completo la paz social.

Cuando el encarnado tiene algún recuerdo del pasado, generalmente de un episodio o relativo a alguien, se trata de una concesión esporádica. Siempre ocurre en situaciones especiales, en las que el mérito está presente y para que dicho crédito produzca beneficios catalíticos para el bien individual, o, principalmente, para el bien de terceros.

Quien es tan honrado normalmente oculta lo que le ha sido revelado en privado, entendiendo que, si lo revela, sería responsable de las consecuencias desestabilizadoras de la revelación.

Esto orienta sus acciones hacia la pacificación de las enemistades, ya que no le falta inspiración para actuar con las partes en litigio, de las que él mismo muchas veces forma parte.

5.5 Reajustes

Quien conjeture que los seres humanos se acercan entre sí, como cónyuges, hijos, parientes, amigos, colegas, enemigos, jefes, empleados, etc. – en la mayoría de los casos –, para hacer reajustes, no se equivocará.

Casi siempre, recortando aristas del pasado.

Algunos son deudores, otros actúan como cobradores.

Las relaciones entre pares, por lo general turbulentas y difíciles, casi insoportables a veces, descubren reajustes en movimiento.

¿A cuántos de nosotros nos resulta mucho más fácil llevarnos bien con otras personas que con nuestros familiares?

La respuesta está en el hecho que nuestro comportamiento refleja nuestra evolución y muchas veces los miembros de nuestra familia constituyen vínculos con el pasado.

Considerando que somos imperfectos, es natural deducir que somos deudores de muchas personas, a algunas de las cuales la divina providencia nos coloca ahora cara a cara, bajo las cuatro paredes de un hogar.

Situados así, con destinos unidos, las veinticuatro horas del día, años y años, ¿cómo escapar a este acercamiento inevitable, a menudo candente?

La comprensión que recibe una maravillosa oportunidad de rescate llevará al que sufre a una aceptación natural de sus pruebas y expiaciones, ayudándolo a superar las vicisitudes.

También será beneficioso evitar quejas o revueltas, entendiendo racionalmente que hoy cosechamos las espinas sembradas ayer.

Sin embargo, si el rescatante se rebela y deserta, inexorablemente regresará a un escenario similar en una vida posterior, a menudo sin libertad y sin posibilidad de escapar.

Tales son los cuadros que la vida ejemplifica hasta la saciedad.

5.6 ¿Reencarnar en qué Sexo?

Todas las criaturas humanas tienen una bipolarización sexual intrínseca, cuyo destino es evolucionar, internándose en la carne a veces como hombre, a veces como mujer, adquiriendo así las experiencias necesarias para su emancipación terrena.

Entonces alguien podría preguntar:

¿Cómo se procesa el cambio de sexos en la sucesión de diferentes reencarnaciones?

Si un individuo proviene de innumerables reencarnaciones con experiencias en el mismo sexo, ¿en la transferencia de polarización sexual no habrá traumas naturales de ajuste psíquico?

¿Por qué existen criaturas aparentemente asexuales?

¿Cuál es la diferencia entre celibato y castidad y qué aportan, en términos de evolución?

En la homosexualidad congénita, resultante de un cambio repentino en la definición sexual, *¿podría ser condenable que la criatura busque asistencia fisiológica – placer –, para tal tendencia?*

Para responder a las preguntas anteriores es necesario considerar que la reencarnación se engendra en los medios espirituales más elevados de sabiduría y que sus agentes son los espíritus amados.

A costa del esfuerzo personal, mucho desinterés y amor por los demás, están ubicados en un nivel cercano a Jesús.

Tales entidades angelicales, responsables de la reencarnación en el plano terrenal, se guían por el karma individual de cada persona que reencarna, para preparar el respectivo programa de reencarnación. Su sabiduría les dice cuánto tiene que redimir cada ser, con quién, dónde y cómo.

Los juicios y expiaciones se definen en proporción directa a la capacidad y posibilidad de soportarlos.

Los méritos – acciones para el bien y adquisiciones morales –, son consideraciones extremadamente importantes.

Antes de la decisión final, caso por caso, toda la información es sometida al binomio justicia–misericordia:

- Justicia, para que no se rompa el equilibrio de las leyes naturales, vigentes en todo el Universo;
- Misericordia, para proporcionar medios, muchos medios, al rescatante.

Entonces, ¡se toma la decisión final!

Utilizando mecanismos que no conocemos, pero que podemos suponer, nunca ponen una "cruz en el hombro equivocado."

Después de este preámbulo que ya no es pequeño, pasemos a las respuestas a las preguntas anteriores.

Veamos las diferentes categorías de espíritus, en la primera reencarnación después del cambio de polarización sexual, en las situaciones mencionadas:

Espíritus Misioneros

En los espíritus evolucionados las fuentes de energía sexual aparecen totalizadas; es decir, no existe un ascendente polarizador masculino o femenino.

En esta posición, en la que ya se ha completado la absorción de las experiencias como hombre y como mujer, la reencarnación ya no será necesaria.

En ellos ya está completada la construcción del equilibrio.

Sin embargo, magnánimos y generosos, estos seres angelicales están siempre realizando pasos misioneros con vestiduras carnales.

Socialmente, las malas lenguas terrenales los considerarán homosexuales, pura y simplemente, en diagnósticos apresurados, sin el menor fundamento.

Bueno, en realidad, su organización hormonal y su fisiología son perfectas y emplean toda la fuerza creativa del sexo en beneficio de los demás, en logros de gran alcance, ya sea como hombre o como mujer, no importa.

Entonces le pidieron a Dios para renacer.

Así nacieron: íntegros y ajenos al acto sexual, pues ya no necesitan del – para nosotros –, indispensable complemento energético que emana del sexo opuesto.

En cuanto a la nomenclatura terrenal, dichas entidades son heterosexuales, ya que su estructura física – masculina o femenina –, está perfectamente delineada. Sin embargo, en ellos el erotismo está completamente dominado, ya que en la retaguardia, en vidas pasadas, no quedan trastornos.

Estas criaturas son generalmente apacibles, tranquilas y sin conflictos. Inspiran confianza y hay tranquilidad a su alrededor.

Si es casta, esta opción apunta a crear condiciones adecuadas para servir mejor a los demás, pareciendo asexual a los observadores menos atentos.

En ellos la castidad no es forzada sino más bien sublimada.

Sin embargo, según el contenido de su misión, pueden perfectamente cumplirla, uniéndose santamente a un cónyuge, procreando o no.

Espíritus Equilibrados
El espíritu equilibrado, que después de varias existencias en el mismo sexo debe reencarnarse serialmente en otro sexo, seguramente tendrá una intensa activación de su nueva configuración sexual, por parte de los constructores reencarnacionistas.

Viajará en el sexo opuesto al de sus últimas existencias, sin atavismos ni restos conflictivos.

En este caso, el cambio se debe a la necesidad de adquirir experiencias del otro sexo, por lo que sus características físicas serán heterosexuales.

Por su mérito no tendrá traumas ni problemas sexuales. La demanda sexual estará presente, pero bajo control.

En este caso, si está presente, el celibato no será traumático. Será una opción de vida.

De otra manera, existe el celibato impuesto, donde no hay elección, debiendo domar el impulso sexual frente al dogma religioso, generando conflictos.

Espíritus Moderadamente Equilibrados

En estos, la transferencia de la polarización sexual dará lugar a organismos con un equipamiento genético medianamente deficiente. Los tumores benignos con cirugías de órganos exitosas – próstata, útero, ovarios, senos –, pueden ser parte de su cuadro de rescates.

En el caso de la ablación de uno de estos órganos, esto provocará que el paciente experimente más sufrimiento moral que físico.

Los cálculos renales y las hemorroides, patologías extremadamente dolorosas, pero curables, acecharán periféricamente la salud de quienes las padecen, como reflejo de su pasado sexual moderadamente desequilibrado...

Espíritus Desequilibrados

Aquí, la complicación.

Sexo salvaje, imperio de la libido sobre la razón, descuido con la salud, irresponsabilidad ante situaciones que haya creado, placer y lujuria superpuestos a la naturalidad sexual: todo esto constituye una falta de respeto a las leyes naturales.

La bondad suprema del Creador, la reencarnación se presenta, entonces, como un medio correctivo y rectificador.

Por el bien de tales réprobos, reencarnarán en organismos sexualmente defectuosos, incapaces de continuar su decadencia moral a través del sexo: suprimidos de la salud, aumentados por las enfermedades.

El cambio de las características sexuales será motivo de angustia.

Manteniendo en la psique la tendencia de vidas anteriores y enfrentando las exigencias de la carne, solo una voluntad decidida de evolucionar impedirá las tendencias homosexuales.

Esta imagen no representa un castigo: es más bien un remedio invaluable para valorar lo que se desperdició, debido a la vigilancia y la lascivia.

La desesperación, el dolor, la rebelión, la perturbación, serán bordes inevitables de este doloroso polígono.

El amor de Dios, concediéndonos eternidad, vidas sucesivas, libre albedrío, inteligencia e infinitas oportunidades para evolucionar, asegura que "ninguna oveja se perderá", en palabras de Jesús.

Así es como, en el futuro, todos resucitaremos ante el Padre, como hijos pródigos traídos a casa por experiencias adquiridas en el mundo, casi siempre con dolor.

Pero es bueno decirlo: por nuestra única y exclusiva voluntad.

6 BIPOLARIZACIÓN SEXUAL

6.1 Cómo el Espíritu experimenta el sexo

En este capítulo abordaremos los registros sexuales que el espíritu acumuló, en diferentes etapas de su existencia, a lo largo de varias reencarnaciones.

No estamos ante el "hermafroditismo", que es una enfermedad congénita excepcionalmente rara. Tampoco nos referimos a la "bisexualidad" cuando se refiere a comportamiento promiscuo.

Nuestro enfoque aquí busca las raíces y no los frutos, ya sean buenos o malos. La energía sexual del espíritu resuena en nuestros órganos sexuales, formando el vector principal de nuestro proceder, cuyo recorrido lo traza la suma de los vectores secundarios de la personalidad. Resulta que todo ser reúne, simultáneamente, los dos aspectos sexuales: masculina y femenina.

Para la gente "machista" o "feminista" es difícil de aceptar, ¿no? Sin embargo, resulta que esto ya ha sido demostrado científicamente, aunque la evidencia material sea innecesaria, ya que desde hace mucho esta certeza hace parte del conocimiento humano.

Carl Gustav Jung (1875 - 1961), discípulo de Freud, superó a su maestro, avanzando más en el campo de los estudios del sexo y del inconsciente. Llamó a la imagen masculina *"animus"* y a la imagen femenina *"anima."*

El notable psiquiatra suizo intuyó que la criatura humana, al tener en su interior dos componentes sexuales, sufriría transformaciones en su entramado psicológico, dependiendo de las etapas de la vida.

No logró, como Freud, incorporar la reencarnación en sus estudios, no legando a la Humanidad una certeza científica preciosa desde entonces, como esto solo pudo comprobarse más tarde, a través de los estudios genéticos modernos.

Según Jung, el hombre entiende que la mujer "es la madre, la maestra, la estrella de cine, la esposa, etc."; para la mujer, el hombre sería "el padre, el maestro, el héroe, el artista, el deportista, etc."

Un ejemplo del fuerte contenido junguiano y fuente de los estudios psicológicos es el famoso cuadro de la *"Mona Lisa"*, de Leonardo da Vinci (1452 1519): allí, la *"Gioconda"*, modelo, no habría existido, sino más bien el "reflejo femenino" del alma del gran artista.

Si se acentúa la presencia del *"animus"* o *"anima"*, se notarán reflejos conductuales:

- en el hombre = actitud de mayor sensibilidad, fácil aceptación de ideas; e incluso humildad, sin sumisión: en él, el carácter presenta delicadeza;
- en las mujeres = tono competitivo en las discusiones, en disputa de dirección de empresas, trabaja en profesiones típicamente masculinas, etc.

Tales reflejos, basados en el equilibrio espiritual, constituyen un poderoso campo de gravitación energética, con elementos activos y pasivos que llevarán a un ser a buscar a otro, del sexo opuesto, como fuente complementaria de su existencia.

Juntos, los logros y las afirmaciones serán constantes. Jung; sin embargo, no fue un pionero en este campo.

¡Las civilizaciones antiguas compartían esta misma idea!

Filosofía China

Al expresar el equilibrio permanente entre el hombre y la mujer, los chinos tradujeron las polaridades opuestas de. naturaleza, llamándolos Yin y Yang.

El Yin y el Yang no serían más que zonas en las que el alma se mueve buscando mejorarse, inclusive con el uso de las fuerzas sexuales.

- *Yin* = nacimiento, creación de la criatura, inicio de la conciencia;
- *Yang* = evolución, madurez, luz.

Con circulación alterna en ambas zonas – el disco sugiere movimiento permanente y armonioso –, se logrará la evolución y la armonía.

La percepción que tienen los chinos de esta dualidad, que se muestra en la figura mencionada, es asombrosa.

Hay varias interpretaciones para la representación anterior. Es difícil excluir la naturaleza sexual de alguno de ellos.

Sin esfuerzo podemos interpretar que los dos polos no se contrastan, sino que se compenetran. Cada uno sostiene la esencia del otro, armónicamente equilibrado. En la masculinidad o feminidad predominante, la contraparte, femenina o masculina, respectivamente, actúa sin dominancia.

Civilización Griega

En el mito de los Andróginos, presentado por Aristófanes en *El banquete de Platón*, ellos – los andróginos –, eran seres bisexuales, redondos, ágiles y tan poderosos que Zeus llegó a temerlos. Para reducir su fuerza, los dividió en dos mitades: masculina y femenina.

Desde entonces, cada uno busca con ansias su media naranja...

Independientemente de lo que pensaran las civilizaciones, el propio mito de Adán y Eva demuestra que, solos, los seres humanos se sienten incompletos, siendo su naturaleza la unión con alguien del sexo opuesto.

Y hoy la Medicina afirma que, tanto como la comida, el agua, el aire y el confort, las relaciones sexuales son también una necesidad fisiológica, presuponiendo la heterosexualidad.

Lo que dice la Biología

Prueba de bipolarización sexual en un mismo individuo, veamos cómo nos puede ayudar la Biología:

- machos y hembras son dos tipos de individuos que, dentro de una especie, se diferencian en cuanto a su reproducción; en las clases inferiores de animales la división de la especie en dos sexos no es muy clara;
- en la Naturaleza, dentro de sí misma, encontramos varios casos e incertidumbre del carácter sexual, masculino o femenino:
    a. entre los organismos unicelulares – amebas, bacilos, etc. –, la multiplicación es fundamentalmente distinta de la sexualidad, y las células se dividen y subdividen solas;
    b. entre algunos metazoos – animales multicelulares –, la reproducción se da por fraccionamiento del individuo, cuyo origen también es asexual;
    c. los fenómenos de gemiparidad – reproducción a través de gemas –, y segmentación – división –,

observada en la hidra de agua dulce, en lombrices, etc., son ejemplos bien conocidos;
- en muchos animales inferiores y particularmente en varias especies de plantas, se encuentran células generativas de ambas especies – masculinas y femeninas –; la reproducción se realiza ya sea por autofecundación o fecundación;
- la rana de la familia *"Bufonidae"* es un caso sorprendente: en el varón adulto se encuentra un ovario atrofiado, llamado "órgano de Bidder." Si por alguna razón – castración, vejez, enfermedad –, las secreciones hormonales masculinas disminuyen o cesan, los órganos genitales comienzan a producir óvulos y hormonas femeninas. ¡Estos óvulos pueden ser fertilizados y producir descendencia normal!
- los anuros – grupo que incluye a las ranas –, tienen un equilibrio muy sensible entre sexos. Las hembras viejas de determinadas especies pueden empezar a producir esperma, como en el ejemplo arriba mencionado, de inversión sexual total;
- entre los mamíferos existen huellas notables de bipotencialidad sexual: las glándulas mamarias en el macho y, en la hembra, el "canal de Gartner", el clítoris, que se asemeja a un pene atrofiado;
- entre los vertebrados se demostró que, al realizar variación hormonal, era posible actuar sobre la determinación del sexo, pues se sabe que ciertas hormonas son estimulantes, mientras que otras son inhibidoras;
- el sexo del individuo se define a partir de la 6ª semana del embrión, con la llegada de los gonocitos – células de movimiento –, a las gónadas – glándulas reproductoras –; estos gonocitos son potencialmente capaces de transformar las gónadas masculinas en ovarios. Por todo ello, la teoría científica que afirma la presencia de ambos sexos en la criatura humana es bastante

consistente, ya que esto no es más que el reflejo del panorama espiritual.

Esta teoría no hace más que confirmar lo que el Espiritismo viene defendiendo desde hace mucho tiempo, cuando dice que un mismo espíritu reencarna innumerables veces, a veces en hombre, a veces en mujer, internándose tantas veces como sea necesario.

7 CARACTERÍSTICAS GENÉTICAS

7.1 ADN: El "descubrimiento del siglo"

En el campo de la ingeniería genética, silenciosa y rápidamente, surgen asombro y preguntas sobre las bases de la vida misma. En 1953, los dos premios Nobel, James Deway Watson – biólogo, norteamericano, nacido en 1928 –, y su colega Francis H. Crick – biofísico, inglés, nacido en 1916 –, hicieron el llamado "descubrimiento del siglo": la estructura del ADN – del nombre inglés ácido desoxirribonucleico. El ADN fue descrito científicamente como el agente químico adecuado de todas las etapas de nuestra vida – determinante de la salud, enfermedades, cuándo aparecerán, gravedad, duración, periodicidad, etc. –, características físicas, deficiencias, etc.

Dentro de esta realidad científica, el concepto de justicia divina moriría si se aceptara colocar aleatoriamente tales registros celulares en el embrión del ser que está por nacer.

Como ejemplo de cuestionamiento, hagamos solo una pregunta, entre miles de situaciones que nos muestra la vida:

¿Cómo puede considerarse justo que una persona inocente nazca ciega?

Es ineludible encontrar la respuesta solo en la reencarnación, en vidas pasadas, el único punto posible para que tal individuo haya contraído esta deuda.

El conocimiento de la Doctrina Espírita lleva al hombre a pensar en la responsabilidad de cada uno, por sus propias acciones, a la luz de la ley de justicia.

Ella gobierna todos los eventos. También se puede considerar como:

- "Acción y reacción"
- "choque de retorno"
- "causa y efecto"

O, simplemente, considerar que cada persona es dueña de su destino, o incluso, solo el hombre es responsable de sus acciones, basándose en lo que decían los antiguos místicos, en lengua sánscrita: – "karma."

Los títulos y expresiones anteriores representan el mismo fundamento: la justicia divina.

Estos místicos orientales, antes de Jesús, habían enunciado la ley del karma, con referencias a su aplicación en el Antiguo Testamento y especialmente en el Nuevo.

Prueba Científica Experimental del Karma: ¡ADN!

El ADN, situado en el núcleo ultramicroscópico de la célula, tiene en su composición fósforo en forma de ácido fosfórico, azúcar en forma de desoxirribosa y cuatro bases nitrogenadas. Precisamente en estas bases nitrogenadas se encuentra la porción de "prana"[2] que alimenta a cada célula, ya que los aminoácidos se forman a partir del nitrógeno.

En el aire atmosférico, el nitrógeno está en la proporción de 78 partes, por tan solo 21 partes de oxígeno, dando lugar a la sabia formación del complejo Sol, aire, seres vivos...

La célula física está formada por núcleo, citoplasma y membrana; en la parte más interna del núcleo se encuentra el ADN, en figura de nitrógeno, que es la parte astral materializada de la célula, constituyendo su "mente"; tal mente, aquí, representa una cinta de un cerebro electrónico, que luego será colocada en la

---

[2] *"Prana"* = nombre con el que los hindúes llaman a la energía radiante del Sol, que a través de la fotosíntesis y la respiración, vitaliza todo lo que vive.

siguiente máquina – organismo de la próxima reencarnación –; toda la información, absolutamente correcta y puntual, será transmitida en el momento exacto de su ejecución. ¡Sin errores!

No parece haber duda que la Bioquímica explica cómo funciona la ley del karma.

Encontramos en *"Bioquímica"*, Ateneu, Río de Janeiro, 1968, de A.Cantarow y B.Schepartz:

> *"El ADN tiene una importancia biológica fundamental en las células animales, vegetales y bacterianas, y en algunos virus, como depósito de información genética. Así, los cromosomas de los espermatozoides y las células somáticas se componen principalmente de desoxirribonucleínas. En los espermatozoides, que tienen un número haploide – la mitad –, de los cromosomas, la concentración de ADN es la mitad de la que se encuentra en los núcleos de las células somáticas de la misma especie."*

En *"Medicina y Salud"*, páginas 1171 y 1173:

> *"Las células tienen 46 cromosomas, enrollados en una bola ultramicroscópica; cada par está etiquetado con los números del 1 al 22; el par 23 está formado, en las mujeres, por 2 cromosomas homólogos x; en los hombres, por 2 heterocromosomas, X e Y.*
>
> *En la fecundación, las células masculinas y femeninas, los gametos, se unen para formar el cigoto – óvulo fecundado –, una nueva célula completa, a partir de la cual se forma el nuevo cuerpo.*
>
> *El sexo depende únicamente del cromosoma del espermatozoide: si el óvulo es fecundado por un espermatozoide con el cromosoma Y, la descendencia será XY; es decir, masculina; Si es fecundado por el cromosoma X, la descendencia será XX; es decir, femenina.*
>
> *Aproximadamente 30 horas después de la fecundación, el cigoto se divide en dos células, y estas dos*

nuevas células continúan subdividiéndose, incluso después de todas ellas, formando una pequeña masa, anidada en el útero.

Desde la primera división, las células necesitan proteínas para su supervivencia. Es entonces cuando el ADN produce una sustancia llamada ARN – ácido ribonucleico –, en pares. Estos pares promueven, respectivamente, información sobre necesidades futuras y una provisión adecuada.

En otras palabras, un ARN es mensajero y el otro es transportador de los aminoácidos "ordenados." El ajuste de los dos ARN constituye una nueva célula, ya provista de las proteínas necesarias. Esta nueva célula, a su vez, liberará nuevo ARN, que formará otra célula.

Y así, con las células reproduciéndose mitóticamente, desde el cigoto – óvulo fecundado –, llegamos al embrión, del feto, al bebé, al niño, al joven, al adolescente, al adulto, al anciano... Cada cromosoma de un cigoto está formado por una cadena de sustancias químicas complejas, lo que pone de relieve la importancia de una estructura ultramicroscópica, el gen.

Los genes se distribuyen linealmente a lo largo de los cromosomas: son fracciones de moléculas de ADN. En cada cigoto, los genes compuestos de ADN llevan un código cifrado, que constituye la programación del organismo que comienza a formarse. Esta información básica preside todas las transformaciones químicas dentro de la célula de la que se origina el cuerpo humano."

Ante esto nació la ciencia denominada "Genética Molecular."

El espíritu que reencarnará se vincula, a través de su frecuencia vibratoria, al cigoto, siendo el espermatozoide elegido por él mediante sintonía, de forma automática.

A través de las "matrices psíquicas" – verdaderas células astrales que pasan de una existencia a otra formando el periespíritu

–, la persona que nacerá, desde el momento de la fecundación, ya tiene articulado todo el programa de una existencia terrena.

En esta existencia ya están predeterminados:

- duración – carga vital, que es una "batería";
- tipo biológico;
- salud;
- enfermedades;
- momento de las transformaciones celulares: físicas, químicas, biológicas.

Esto excluye el paternalismo, arrojar al propio individuo todo lo que le tocará pasar en la vida, sin premios ni castigos, ¡solo con justicia!

El modelo de los descubridores del ADN – Watson y Crick – dice que cuando una célula se divide – mitosis –, transmite sus características, a través del código genético, a las nuevas células formadas. La bioquímica ha estado tratando de descifrar este código, afirmando que el ADN humano está formado por una "escalera" que, si se estirara, contendría 6 mil millones de "escalones", con información completa y compleja.

Dicha información almacena instrucciones, proyectos, predicciones, con lugar y tiempo demarcados, de todo lo que debe ocurrirle al cuerpo físico. Estas instrucciones se formulan a lo largo de la existencia, registrando en las células, todos nuestros actos, palabras, pensamientos y deseos, cuando tienen una intensidad continua hasta el punto de darles forma.

Las enfermedades kármicas, marcadas en el "reloj celular", aparecen en el minuto preciso para el cual fueron pronosticadas. En ese segundo, el ADN libera la información, a través del ARN mensajero, que va al citoplasma y sintetiza las proteínas alteradas de la célula causante del trastorno, en la plantilla instalada en el ribosoma – elemento del citoplasma que favorece la síntesis de proteínas. De ahí la oscura cadena de sufrimiento predicha y determinada por nuestras malas acciones pasadas. Sin embargo, también puede ocurrir lo contrario: el ADN, modificado por acciones y pensamientos elevados, envía un ARN mensajero para corregir defectos, curar enfermedades en curso, aliviar sufrimientos y, con ello, beneficiar a la criatura.

Por eso podemos, tal vez, considerar al ADN como periespiritual, quedando ileso después de la muerte de la célula física, volviendo a ocupar su lugar en las células del nuevo cuerpo que reencarnará.

Sobre el ADN, todavía en "Medicina y Salud", página 169:

"los mensajes cifrados del código de la vida siempre se componen de tres letras. Por ejemplo: la letra A – adenina –, repetida tres veces indica un aminoácido particular (fenilalamina)";

Página 715:

"si el ADN pierde estabilidad o se ve afectado por reacciones químicas, modifica el código vital y "se vuelve loco."

El tema es demasiado alto.

Carecemos de competencia para alargar las proposiciones.

Sin embargo, sigue científicamente demostrado que el ADN y su código pueden modificarse mediante sustancias químicas, en este caso hormonas.

Jesús, preocupándose caritativamente por el futuro de los hombres, vino a visitarnos con la sublime misión de revelarnos los caminos que conducen al reino de los cielos. El futuro espiritual que espera a todos los hombres fue informado meticulosamente por Él, y los testimonios escritos de los cuatro evangelistas lo demuestran contundentemente.

Ahora, después de veinte siglos, la Ciencia – solo puede ser por Gracia Divina –, plantea la fantástica posibilidad que, al nacer, el hombre ya tenga información sobre su "futuro físico" del ADN, los científicos podrán informarle el "programa" de vida contenida en él, estando cada uno preparado para las dificultades.

El hecho sorprendente que estas dificultades sean conocidas de antemano permitirá minimizarlas, si no evitarlas: mediante un comportamiento cristiano – amor al prójimo y lucha sistemática contra las malas tendencias.

Considerando que las palabras, los sentimientos y los pensamientos afectan la producción hormonal, nos ayuda recordar a Emmanuel – espíritu amigo –, cuando enseña que nuestro sufrimiento puede agravarse, aliviarse e incluso extinguirse, dependiendo de nuestro comportamiento.

Resumiendo:
1. actos y pensamientos armoniosos, emociones placenteras, alegría y amor, aportan una producción hormonal saludable al individuo, resultando en paz, mejorando su vida actual y asegurando mejores condiciones en la próxima vida;
2. por el contrario, las actitudes y pensamientos de ira, odio, mentiras, sentimientos bajos, emociones rebeldes, además de dañar el presente, ya comprometen el futuro.
3. actividad sexual, basada principalmente en hormonas sexuales – andrógeno = masculino y estrógeno = femenino –, ejercido con amor y responsabilidad, generará paz, equilibrio y salud; generará enfermedades, en cambio, si es desordenada.

8 MATRICES PSÍQUICAS

Todos los espíritus, desde nuestra creación, hemos tenido un compartimento mental incomparable, destinado a almacenar todos los actos relacionados con nosotros mismos.

Lo más fielmente posible, este archivo tiene una capacidad infinita para registrar cada segundo de nuestra existencia.

También contamos con un mecanismo de alerta y ajuste que considera qué experiencia debemos atravesar para mantener el meridiano de nuestro equilibrio psíquico.

¡Este mecanismo se llama conciencia!

Es en la consciencia humana donde están grabados los fundamentos de las leyes divinas, por lo que cada criatura tendrá siempre una brújula segura para su evolución espiritual, siempre y cuando la consulte en cada paso de la vida.

Así, cada hombre lleva impresa en sí mismo la historia fiel de su existencia, desde el primer momento: son las llamadas "matrices psíquicas."

Estas matrices producen moldes que se imprimen en el periespíritu, que son los determinantes del presente y del futuro, expresan el pasado.

El sexo, en particular, al ser un fantástico dispensario de energía, es un poderoso moldeador psíquico. Si se forjan moldes sexuales en vidas sucesivas, respetando las leyes naturales, la criatura puede nacer masculina o femenina, pues no habrá degeneración en su psiquis – según Freud, psiquis = alma.

Sin embargo, si estos mismos patrones surgen al caminar por el camino de la lujuria, en esta vida o en vidas pasadas, entonces la criatura tendrá serios conflictos sexuales:

Si es de sexo masculino

Puede presentar innumerables problemas sociales y mentales, ante los cuales vivirá amargado, sexualmente inhibido, lleno de ansiedades, humillaciones y tristezas.

En el plano físico, las perturbaciones punzantes lo llevarán a buscar ayuda en la Medicina, casi siempre incapaz de remediarlas, o incluso de aliviarlas, ya que los orígenes no son orgánicos.

Pasará por el mundo como un equilibrista de circo que ve cómo la cuerda se deshilacha, poco a poco...

La lección será beneficiosa porque la imparte un maestro muy eficiente que es el dolor.

Si es de sexo femenino

Además de las desgracias anteriores, puede sufrir la mayor de todas, que es la imposibilidad de la maternidad, aunque se intente todo para conseguirlo.

Y que los desajustes en las matrices periespirituales del equipamiento genético hicieron perder temporalmente, para una o más reencarnaciones, el derecho a ser fiel depositaria de la vida: ¡el crédito divino de ser madre!

Pagar deudas siempre es bueno. Sería mejor; sin embargo, no haber conocido antes la imprudencia, para tener que redimirla ahora, al precio de la paz interior.

9 PSICOSOMÁTICA Y SEXO

La Ciencia médica ya reconoce que la mente y las emociones, cuando están en conflicto, causan enfermedades.

La mente, en este caso, es una función cerebral.

El cerebro es una parte del cuerpo.

El cuerpo es un instrumento del alma.

Así, "mente", "cerebro", "cuerpo", "alma" constituyen el ser.

Pedagógicamente, Kardec lo denominó;

– "Espíritu": el espíritu, cuando está desencarnado

– "alma": el mismo espíritu, al encarnarse.

9.1 Karma

El Espiritismo, basado en la lógica y la justicia divina, afirma que el ser de hoy es el equilibrio condensado de las experiencias adquiridas a lo largo de los diversos viajes terrenales o reencarnaciones. En cada una de ellas, por la ley divina de igualdad, nace el ser con un programa de vida justo e individual, preestablecido.

Los antiguos llamaban "karma" – del sánscrito = acción –, el equilibrio entre la práctica del bien o del mal.

En estos programas, las enfermedades, las dolencias y la susceptibilidad a las enfermedades son consecuencia del funcionamiento de la ley de causa y efecto, tanto como la salud y la paz. En el primer caso, existe un "karma malo" y en el segundo, un "karma bueno."

Muy a menudo sembramos en una vida y cosechamos en la siguiente.

Esto es especialmente cierto para nosotros, todavía delegados, en los casos de:

    a. enfermedades causadas o derivadas del nacimiento;
    b. susceptibilidad a enfermedades;
    c. enfermedades hereditarias.

La verdadera curación consiste en corregir errores de conocimiento y defectos de carácter, eliminando así definitivamente de nuestra vida las acciones que producen dolor, especialmente las de crueldad y abuso del cuerpo.

Para el estudio del presente trabajo solo analizaremos las vagas consecuencias resultantes de las aberraciones, desviaciones y abusos sexuales.

La cura antes mencionada se logra, según Kardec, mediante la "reforma íntima", que consiste básicamente en cambiar el "hombre viejo" por un "hombre nuevo", cuya transformación moral ha sustituido las malas inclinaciones por el amor al prójimo.

No hay duda que, desde el punto de vista de la evolución espiritual, el sufrimiento es educativo, como también lo son las experiencias placenteras: el dolor o el bienestar dependen de la elección de quienes actúan, respectivamente, en el mal o en el bien.

Está científicamente comprobado que las emociones pueden alterar el equilibrio de las glándulas endocrinas, la hipófisis y la epífisis. La primera, productora y liberadora de hormonas – del griego: "horman" = despertar a la actividad –, directamente en la sangre; la segunda, sirviendo de enlace entre los impulsos electromagnéticos y electroquímicos, registrados en los nervios y transmitidos al espíritu.

Si las emociones son provocadas por odio, venganza, celos, angustia, depresión, etc., perjudicarán la circulación sanguínea, la presión arterial, impedirán la digestión, modificarán el ritmo respiratorio y la temperatura general del cuerpo.

Teniendo en cuenta el papel extremadamente importante que desempeñan estas glándulas en la actividad sexual humana, resulta relativamente fácil entender por qué los trastornos sexuales tienen su sede en el cerebro, que los alberga.

En cuanto a la epífisis, en particular, estamos sumamente interesados en su actividad, dada su gran importancia para la mediumnidad, ya que es un fiel transmisor-receptor de vibraciones del cuerpo físico al espíritu y viceversa.

Los espíritus infelices y desencarnados, actuando obsesivamente, inducen a los encarnados de la misma sintonía a prácticas sexuales menos dignas, para disfrutar de las sensaciones resultantes. Es en esta parte donde se utiliza mucho la epífisis, en la conexión encarnado-descarnado, dada la similar melodía vibratoria. establecido entre ambos. La persona encarnada, utilizando el rango de longitud de onda adecuado para la recepción, transmite al encarnado pensamientos que él acepta mentalmente; A partir de entonces, tiene sexo revoltoso, creyéndose el "dueño" de la idea, sin saber que está siendo instrumento de "vampiros."

9.2 Emociones y Enfermedades

La parte de la Medicina que se ocupa de la relación entre las emociones y las enfermedades se llama "psicosomática" – del griego: psyche = alma y soma = cuerpo. Evidentemente, no se puede decir que las emociones sean el único vector que desencadena las enfermedades. También existen causas físicas, y muchas, para una misma condición patológica.

No es nuestra intención, en este foro, profundizar en detalles sobre la Psicosomática.

Pretendemos, más bien, afirmar que la criatura humana es un grupo – cuerpo y espíritu –, y que, cuando cualquier órgano o parte del cuerpo físico enferma, el estado mórbido repercute en todo ese grupo.

La Medicina cuida naturalmente el cuerpo físico.

Si el médico diagnostica un origen o causa emocional actuará como estime oportuno.

Platón dijo hace más de dos mil años:

"La cura de innumerables enfermedades es desconocida para los médicos de Hellas porque ignoran el conjunto... Y esto se debe a que una parte nunca puede estar bien a menos que el todo esté bien... Este es el gran error de nuestros días en el tratamiento del cuerpo humano."

Samuel Hahnemann (1755-1843), el creador de la Homeopatía, dijo:

"Es necesario estudiar las reacciones del conjunto de la personalidad de un paciente, antes que sea posible concluir cuál es el medicamento adecuado para su enfermedad."

9.3 Receta de Salud

Jesús, el Gran Médico de las almas, prescribió para alcanzar la paz mental, que conduce a la salud:

"Bienaventurados los mansos, porque ellos heredarán la tierra" [3];

"Los ojos son la lámpara del cuerpo. Si tus ojos son buenos, todo tu cuerpo será luminoso" ;[4]

"Haceos bolsas que no se desgasten, un tesoro inextinguible en los cielos, donde ningún ladrón llega ni polilla destruye; porque donde esté vuestro tesoro, allí estará también vuestro corazón" [5];

"El hombre bueno, del buen tesoro, saca buenas cosas; pero el hombre malo, del mal tesoro saca malas cosas." [6]

---

[3] Mateo, 5:5.
[4] Mateo, 6:22.
[5] Lucas, 12: 33,34.
[6] Mateo 12:35.

10 SEXO EN EL MUNDO

10.1 Inicio y Fin

El sexo inició su diferenciación entre masculino y femenino, a través de factores predominantes – activos y pasivos –, en las primeras horas de reproducción sexual sobre la faz del planeta.

Inteligencias ubicadas en la espiritualidad superior, responsables de la población del mundo que se estaba organizando, sustentaron la evolución de las formas y de los seres, culminando, respecto al hombre, en la morfología actual.

A medida que avancen milenios tras milenios, la criatura humana, en constante evolución, irá perdiendo la diferenciación de las características sexuales actuales, pues habrá asimilado todos los aprendizajes de las experiencias masculinas y femeninas, comenzando a llevar dentro de sí, como un ángel, al mismo tiempo, la totalidad de cualidades nobles que conducen a la sublimación.

Esta brillante imagen del futuro sienta las bases del Espiritismo, cuando afirma que los espíritus no tienen sexo, tal como lo entendemos, porque el sexo depende del cuerpo físico.

Ciertamente, con la evolución, los equipamientos orgánicos ya no serán necesarios, pues la reencarnación ya no existirá.

Esto es lo que podemos concluir sobre los espíritus de pureza avanzada, al habitar o transitar en mundos superiores al nuestro: libres de cuerpo carnal, libres de las características sexuales que conocemos.

En este futuro, para nosotros lejano – pero sin duda nuestro futuro domicilio en el Tiempo –, el erotismo actual habrá sido sustituido por el amor y la simpatía plenos, basados en la afinidad de los sentimientos fraternos.

Sí, continuará existiendo el sexo.

Pero ahora, angelizado; es decir, expresándose a través del amor, en afectos profundos e integrales hacia todos los hijos de Dios, por tanto, hermanos nuestros.

La evolución, para todo y para todos, es inexorable, por ley natural – ley del progreso. No se puede negar que ya se han dado pasos gigantescos hacia la igualdad de las criaturas.

Hace dos milenios Jesús nos trajo la aurora de la felicidad, regando la Tierra con el Evangelio.

El sexo – con amor y responsabilidad –, además de natural, es una poderosa herramienta para que el ser humano se integre a la plantación divina, cuyos frutos son familias bien constituidas.

En la antesala del tercer milenio, recordando a Jesús – *"habrá un rebaño y un solo Pastor"* –, podemos vislumbrar este ideal, frente a las fantásticas transformaciones políticas del planeta:

- la caída del "muro de Berlín" y la unificación de las dos Alemanias;
- la fragmentación de la URSS – Unión de Repúblicas Socialistas Soviéticas;
- el conflicto en el Golfo Pérsico (enero–febrero/91), en el que la "pax mundial", aunque bajo el mando de las grandes potencias y con objetivos eminentemente materiales, las unió;
- breve advenimiento (1992) de la eliminación de fronteras e implementación de una política financiera unificada en los 12 estados miembros de la CE – Comunidad Europea.

Entonces, ¿por qué no soñar que el mundo será una gran familia, la familia universal?

10.2 El Hombre y el Sexo

El hombre, en el ejercicio equilibrado del sexo, posee el 50% del privilegio divino: ¡la paternidad! El otro 50% pertenece a la mujer: ¡maternidad!

La paternidad es una demostración de la mayor bendición de Dios, delegando la tarea de permitir la reencarnación de los espíritus en un proceso evolutivo.

Como certificado de confianza, no hay nada que se compare con lo que el Padre celestial confiere al padre terrenal, ser guardián vigilante de uno de Sus hijos.

El ciclo de la vida, al repetirse, hará que el recién llegado – el hijo –, sea sostenido, criado y educado por el que ya estaba allí – el padre.

Aquí es donde entra en juego la responsabilidad, que exige, a la luz de la moral cristiana, que el padre dé ejemplo a su hijo, en todos los ámbitos de la actividad humana que viven – juntos o por separado –, cada uno con su propio destino.

Este deber es quizás el mayor en la esfera terrenal masculina.

El padre comprenderá que está en posesión temporal de un legado sagrado, porque, a medida que la personalidad de su hijo florezca, ya no tendrá mando directo sobre él. Esto se debe a que en el umbral de esta fase – paso de la niñez a la adolescencia, como transición a la juventud –, el espíritu adquiere condiciones para comenzar a ejercer su libre albedrío, necesariamente reflejo inconsciente de su estado evolutivo, que es la suma de vidas pasadas. ; luego, desde la juventud hasta la edad adulta, adquiere la plenitud de este ejercicio.

El Espiritismo demuestra, a través de los postulados de la reencarnación, que el hijo puede muchas veces ser un espíritu mayor que el padre; la unión de ambos en la peregrinación terrena, en este caso como en muchos otros, es parte de una planificación espiritual superior de reajustes recíprocos o unidireccionales.

Aunque los niños no participan directamente en la intimidad conyugal de sus padres, escucharán, a través de la psicósfera del hogar, cómo experimentan el sexo.

Esta percepción, absolutamente infalible, será una pauta para él, a medida que se acerca a la infancia, a la adolescencia, a la juventud y a la madurez, configurando los entresijos de su comportamiento físico y psíquico, recorrido, inducción y conducción de la actividad sexual, vida exterior.

¡Qué paternidad responsable!

No es necesario detallar por qué la infidelidad conyugal, o la poligamia del padre, serán factores perturbadores y tendrá efectos desastrosos sobre el comportamiento sexual futuro del niño.

Mencionamos la poligamia porque el alimento espiritual y el intercambio energético que se intercambian en una relación sexual solo serán beneficiosos en la medida en que resulten del amor. Seguramente, en el hogar de un polígamo esto no sucede.

Y, en términos de sexo puro y responsable, no puedes cambiar a tus parejas como cambias tu menú...

Es cierto que hay regímenes sociales que aceptan la poligamia, lo que, en este caso, la legaliza.

Sin embargo, ¿alguien ha hecho ya una encuesta entre todos los implicados para comprobar si están contentos?

La Humanidad, erróneamente, todavía tolera las relaciones sexuales con diferentes parejas, si tienen lugar antes del matrimonio.

Principalmente por hombres...

Ahora bien: esto es hipocresía, ya que las relaciones sexuales presuponen un hombre y una mujer como compañeros.

¿Cómo, entonces, podemos aceptar que solo los hombres puedan tener experiencias sexuales prematrimoniales?

Allí, el frágil concepto de virilidad arroja al joven en brazos de prostitutas, quienes, infelices en sí mismas, no pueden brindarle felicidad y mucho menos brindarle reafirmación y mucho menos transferirle la experiencia conyugal.

Al contrario: pueden perjudicar a la pareja, psíquica y físicamente, aunque la mayoría de las veces ambos son inconscientes de ello.

Y eso es lo que suele pasar...

Tales actitudes surgen de una sociedad donde el conocimiento de los vínculos sublimes de la formación y constitución de la familia está ausente.

La insondable y divina reencarnación, y los programas kármicos tienen formas infalibles de unir a dos seres. Dondequiera que estén, cada uno en un lado del mundo, no importa: si están predestinados a la unión conyugal, se encontrarán cara a cara, en el momento oportuno, después de los desafíos inimaginables que a menudo plantea la vida.

Usted mismo, querido lector; si está casado, recuerde las circunstancias.

De ambas partes, ¿cuándo se produjo el primer encuentro de la pareja?

Cómo suceden estas cosas escapa a una explicación terrenal y puramente material.

Pero que sucedan, eso no deja lugar a dudas. En el futuro, la comprensión, la confianza y la fe en los planes divinos ciertamente excluirán de la faz de la Tierra procedimientos desafortunados, incluida la promiscuidad prematrimonial.

Queridos padres, no prediquen a sus hijos el discurso falso y elevado que "un hombre debe contraer matrimonio con la máxima experiencia sexual."

Si eso fuera cierto, ¿qué pensaríamos de los indios, cuya especie surge de los pliegues del tiempo y se perpetúa, sin tales "exámenes de ingreso"? Enseñar e instruir a los niños sobre sexo, con prudencia, sensibilidad y con información adecuada a su grupo de edad, es un deber, nunca otorgando un pasaporte a la promiscuidad.

10.3 Mujeres y Sexo

Derechos de la mujer

Dios, al crearlos, concedió al hombre y a la mujer por igual:

- inteligencia;
- libre albedrío;
- facultad y medios para progresar.

Los hombres primitivos, poco avanzados, pero robustos como dinosaurios, se impusieron a las mujeres y todavía hay algunas hoy, imponiéndose por la ley de la fuerza, cuando la vida demuestra que la justicia se impone por la fuerza de la ley.

Solo una pregunta: *¿Dónde están los dinosaurios…?*

Tan grande era la discriminación de las sociedades hacia la mujer que la historia registra los siguientes pensamientos, que serían cómicos, si no fueran trágicos:

Diversos historiadores

"Como madre, una santa; como mujer, la pesadilla de los hombres."

Código de Manu – tradición popular –, uno de los libros sagrados de la India:

"Una mujer nunca debe gobernarse a sí misma."

Proverbio chino

"No se debe confiar en las mujeres."

Proverbio ruso

"De cada diez mujeres solo hay un alma."

Pitágoras (570? /496? a.C.) – filósofo y matemático griego:

"Existe el principio bueno que creó el orden, la luz y el hombre y un principio malo que creó el caos, la oscuridad y la mujer."

Eurípides (485/407 a.C.) – dramaturgo griego:

"La mujer es el más temible de los males."

Aristóteles (384/322 a.C.) – filósofo griego:

"La hembra es hembra por cierta falta de cualidades."

Pablo (Apóstol) – apóstol de los gentiles, martirizado en Roma en el año 67:

"Primera Epístola de Pablo a los Corintios: Capítulo 14 – La necesidad de orden en el culto

34 – mantener a las mujeres en silencio en las iglesias, porque no se les permite hablar; pero sed sumisas como también lo determina la ley.

35 – pero si queréis aprender algo, preguntad en casa a vuestros propios maridos; porque es vergonzoso que una mujer hable en la iglesia."

Con tanta prevención, no estará mal suponer, solo como una ligera hipótesis, por qué Jesús decidió visitarnos encarnado en equipo masculino.

De lo contrario, ¿quién Le respetaría? Y además: ¿habría podido siquiera abrir la boca? Si es así, ¿quién lo escucharía?

San Cristóbal – mártir en el año 250:

"Entre todos los animales salvajes, no hay ninguno más dañino que las mujeres."

San Agustín – (354/430) – teólogo, filósofo, moralista, dialéctico:

"La mujer es una bestia insegura e inestable."

Santo Tomás de Aquino – (1225/1274) – Teólogo católico:

"La mujer es un hombre incompleto, un ser "ocasional.""

Michelet, Julius (1798/1874) – historiador francés:

"La mujer, el ser relativo."

Es difícil comentar las opiniones anteriores...

Creemos; sin embargo, que aunque tortuosos, estos fueron los caminos hacia el progreso espiritual de la Humanidad, hasta el día de hoy. Afortunadamente, hoy prevalece el pensamiento que hombres y mujeres, todos somos iguales ante la ley, somos iguales entre nosotros y, sobre todo, iguales ante Dios.

Este mensaje fue transmitido por Jesús, cuando resucitó moralmente a la mujer adúltera, caída en la plaza pública y a punto de ser legalmente apedreada.

Esta magistral enseñanza permaneció latente en los corazones de la mayoría de los cristianos y despertó apenas hace unas décadas.

Para eso Allan Kardec nos ayudó mucho.

En efecto, la injusta superioridad masculina, en prácticamente todo el mundo, bajo el auspicio de la sociedad y particularmente de la Iglesia, atravesó los siglos hasta terminar en 1857, cuando Kardec publicó "*El Libro de los Espíritus.*"

Allí, a las preguntas 817 a 822–a, se equiparan moralmente los derechos de los hombres con los de las mujeres, pues la respuesta dada por el "Espíritu de la Verdad" a la pregunta número 817 habló con fuerza a los corazones cristianos, evocando la ley de igualdad en el creación de ambos, por Dios.

No muy lejos estaban los días de 1781, cuando el pensador francés Olympé de Gouges escribió una "Declaración de los derechos de la mujer y de los ciudadanos", proponiendo la "liberación femenina."

Por esta razón fue guillotinada en 1793.

Poco antes de "*El Libro de los Espíritus*", en 1848, se fundó en Estados Unidos el movimiento de emancipación femenina.

En 1906, en Europa – Finlandia –, las mujeres pudieron votar, por primera vez, en todo el mundo.

En 1919, Inglaterra eligió a su primera diputada.

En los últimos treinta años, han surgido otros innumerables movimientos en varias partes del mundo, cuyo objetivo es la igualdad jurídica de los sexos.

Destaca por este avance el año 1975, cuando las Naciones Unidas lo proclamaron "El Año Internacional de la Mujer."

De hecho, la mujer contiene potencialidades específicas en su estructura íntima: sensibilidad, delicadeza, afecto, intuición, devoción, renuncia.

Estas mismas características también existen en los hombres, porque hombres y mujeres son simplemente ropas físicas diferentes que usa el mismo espíritu, según su programa evolutivo.

En las mujeres estas condiciones generalmente destacan por su propia estructura más delicada, lo que las hace mejor recibidas.

La naturaleza quitó a la mujer parte del vigor físico dado al hombre; sin embargo, en compensación, la dotó de mayor fuerza espiritual, con el objetivo de cumplir su parte en la unión conyugal, especialmente como madre. Al albergar al feto en su cuerpo, recibe mayores influencias mentales del don de la maternidad que un hombre.

Sea madre o no, esta misión sagrada es suya.

Como madre, desarrolla una capacidad insuperable de entrega, de amor. En oración inconsciente y constante, su espíritu se une a millones de otras madres de todo el mundo, encarnadas y desencarnadas, a menudo distantes entre sí, desconocidas, pero unidas – todas –, por una misma postura mental.

¡Así es como, desde el principio de la creación, las madres han exaltado y ennoblecido al planeta Tierra!

Por supuesto, los hombres también hacen este ennoblecimiento, pero no se puede negar que la maternidad es un atributo divino superior.

Espiritualmente, los dos sexos se encuentran en igualdad, ya que su unión, con amor, respeto y responsabilidad, proporciona a ambos una transfusión recíproca de energía.

Veamos lo que dice Miramez, espíritu amigo, a través de la psicografía del médium João Nunes Maia (1923/1991), en *"Francisco de Asís."*

"Todos somos hermanos, viviendo en la misma casa de Dios; sin embargo, esta casa tiene muchas divisiones, para que podamos adquirir seguridad en lo que debemos hacer. Cuando la Tierra se convierta en el verdadero reino de Dios, no habrá incompatibilidades, ni separaciones convenientes entre hombres y mujeres; somos piezas idénticas, pero con rasgos diferentes.

Dios creó a la mujer, nuestra hermana en la eternidad, para que fuera nuestra compañera, y nos creó a nosotros igualmente, con el mismo objetivo. Hay algo en ella que el hombre es incapaz de expresar y viceversa, por eso debe haber un intercambio de bendiciones que los dos llevan en el corazón.

Una vez vi, en estado de oración – si no en estado de gracia –, por gracia divina, no por mérito: dos manos derramando luces, como si fueran trigo luminoso, sobre la cabeza de una pareja. Brillaban como el Sol, y las dos criaturas lo absorbieron a través de sus cabezas, como si fuera una comida de ángeles. El hombre transformó esa luz en otra luz, circulando por su cuerpo como si fuera su propia sangre dándole vida, porque provenía de la vida superior, y la luz tomó colores rojos encantadores, conmovedores, estimulantes. La luz que se derramó sobre la cabeza de la mujer, procedente del mismo trigo divino, se transformó en un fluido azul, tan hermoso que es difícil de describir, provocando los mismos efectos en su mundo interno. Y esa fuerza visitó toda su carne, sin faltar un solo lugar, disponiendo todo en la vida, para la vida superior.

Lo que más me sorprendió fue cuando se miraron con deseos y amor, y cariño, cuando no amistad profunda y sincera. Salió de la mujer hacia el hombre, una pequeña llama de luz, no tan brillante como cuando entró, por gracia de Dios y desapareciendo en sus entrañas. Él, con nuevas fuerzas, se sintió feliz y con ganas de vivir, pero de vivir más, lleno de esperanza. La mujer también recibió esta misma bendición del hombre, en la forma en que ella la había dado y con los mismos efectos.

Ese resplandor azul que salía de la mujer, en el éxtasis del amor, por el hombre, iba directo a la fuente de la vida, y el rojo encantador del hombre por la mujer, buscaba también el nido, donde se asentaban los rudimentos de la vida del cuerpo. se genera la propia vida.

Noté la gran necesidad que los dos permanecieran juntos, para no morir sin estas luces de Dios, que se transforman en el corazón de las criaturas y de las cuales cada una sabe hacer su porción.

La falta de uno que se encuentra en el otro es una fuerza que no obedece, al menos en el mundo en que vivimos, a la voluntad. No existen barreras de filosofía, religión o ciencia. No le teme a la cárcel ni a las armas; no distingue padre, madre, hijos, ni parientes, compañeros o amigos. No retrocede ante la fuerza y no teme ser amurallado. Esta fuerza domina a reyes y sacerdotes, no retrocede ante las guerras, ni ante los rumores de guerras. No le importa el clima y vence las furias de los mares. Si tuviera los medios, enviaría las estrellas, con el mismo calor con el que llega a su objetivo con el toque de su mano. Esta fuerza, hijos míos, es el sexo. Se manifiesta de diferentes formas, pero es del mismo sexo."

La Mujer en la Actualidad

Actualmente, ya sea por necesidad financiera, por querer realizarse o incluso para llenar un vacío existencial, la mujer compite profesionalmente con el hombre.

Mujeres hay, que hasta bajo la falsa bandera de la "igualdad" actúan ridículamente exaltando la emancipación femenina.

En el primer caso, no desanima a la mujer, ni sus raíces ni su jornada terrena, ya que solo son conjeturas en las cuales el libre albedrío actúa, sin que nadie se perjudique. Al contrario, solo beneficios pueden provenir de tal opción.

Con los avances científicos puestos a disposición del ser humano, en forma de dispositivos auxiliares en el hogar, además de los destinados al ocio familiar, no se puede condenar en absoluto que las familias los adquieran. Entonces, entra en juego el poderoso aparato propagandístico, anunciando novedades comerciales. Todos en la casa, en busca de comodidad, ante todo, y algo de ocio, habiendo hecho cuentas, comprueban las posibilidades económicas. Las parejas decidieron, no hace más de unas décadas, que las mujeres podían ayudar con el presupuesto del hogar. Tímidas al principio, hoy en día la carrera profesional de las mujeres se considera la más natural.

En el segundo caso, la búsqueda de la igualdad a través de ridículos movimientos feministas, ahora en su momento ya en declive, si no ya extintos, hay que atribuirlo al desconocimiento de las leyes naturales. Sí: se equivocan aquellas mujeres que, buscando la igualdad con los hombres, entran en conflicto con ellos, enarbolando fanáticamente banderas del "poder femenino", dañándolos y dañándose a sí mismas.

No hay necesidad de esos recursos, que no siempre prosperan, porque, para aprovechar el reconocimiento social igualitario, el camino es la moral cristiana, donde todos tienen derechos y deberes absolutamente iguales.

Además, la vida ya ha enseñado a la mayoría de los hombres que ante Dios los derechos de ambos sexos son iguales. Si algún hombre aun no ha tomado conciencia de esto, tiene programado un viaje de visita educativa sobre los dinosaurios...

10.4 "Ni todos"

Seríamos injustos si antes de concluir este capítulo –conceptos sobre la mujer –, no dijéramos una palabra sobre lo que otros hombres ilustres del pasado dijeron sobre la mujer.

Quienes veían a las mujeres de una manera menos digna fueron ciertamente, aplastados por el pensamiento humano arraigado, milenios tras milenios.

Pero no todos...

Otros pensadores; sin embargo, luchando contra el atavismo – herencia de determinadas características físicas o psíquicas de ancestros remotos –, reconocieron la igualdad entre hombres y mujeres. Muchos otros, no menos felices, vislumbraron matices más elevados, cuando el espíritu se viste con ropas femeninas.

Quizás, la mujer, en la grandeza de la maternidad, sea incluso poseedora de complementos espirituales más sutiles que el hombre.

La Humanidad ha progresado mucho desde aquellos tiempos. Las restricciones a la igualdad se deben a posibles intransigencias. Y nadie es guillotinado por estar en desacuerdo...

Actualmente lo que vemos es la aceptación racional de la igualdad entre hombres y mujeres. En el ámbito profesional, solo los salarios de las mujeres siguen estando en desventaja, porque, por lo demás, todo está nivelado. En algunos casos, los gastos familiares se sufragan mayoritariamente con el dinero de la mujer. Folklore aparte, hoy en día a nadie le sorprende ver a un hombre, en casa, cocinando, limpiando, haciendo biberones, lavando pañales, cambiando a los bebés, etc.

Pero, como decíamos al principio, fijémonos en otros conceptos filosóficos, de autores no menos ilustres:

Contemporáneo de Kardec, encontramos también en Francia a un gigante en el campo de los grandes pensadores: Victor Marie Hugo (1802-1885), poeta, escritor, dramaturgo, periodista y político.

¡Una de las figuras más importantes del Romanticismo! Respecto al hombre y a la mujer, dijo:

> "El hombre es la más alta de las criaturas. La mujer es el más sublime de los ideales. Dios hizo del hombre un trono; la mujer un altar. El trono exalta; el altar santifica.

El hombre es el cerebro; la mujer el corazón. El cerebro produce luz; el corazón el amor. La luz fructífera. El amor resucita.

El hombre es un genio; la mujer es un ángel. El genio es inconmensurable; el ángel indefinible. La aspiración del hombre es la gloria suprema; la aspiración de la mujer a la virtud extrema. La gloria traduce grandeza; la virtud traduce la divinidad.

El hombre tiene supremacía; la mujer preferencia. La supremacía representa fuerza; la preferencia el derecho. El hombre es fuerte mediante la razón; la mujer es invencible por las lágrimas. La razón convence, las lágrimas conmueven.

El hombre es capaz de todo heroísmo; la mujer de todos los martirios. El heroísmo ennoblece; el martirio sublima. El hombre es el código; la mujer el evangelio. El código corrige; el evangelio perfecciona. El hombre es un templo; la mujer es un santuario. Ante el templo nos descubrimos a nosotros mismos; ante el tabernáculo nos arrodillamos.

El hombre piensa; la mujer sueña. Pensar es tener cerebro; soñar es tener, en la frente, una aureola. El hombre es un océano; la mujer un lago. El océano tiene la perla que lo embellece; el lago tiene una poesía que lo deslumbra. El hombre es un águila que vuela; la mujer es un ruiseñor que canta. Volar es dominar los espacios; cantar es conquistar el alma. El hombre tiene un fanal: la conciencia. La mujer tiene una estrella: la esperanza. El fanal guía y la esperanza salva.

En definitiva, el hombre se sitúa donde termina la Tierra. La mujer, donde comienza el cielo."

10.5 El Joven y el Sexo

La gran mayoría de los jóvenes tiene una visión distorsionada de lo que es el sexo. Siempre fue así.

Actualmente, existe una fantástica cantidad de información proporcionada por los medios de comunicación sobre todos los temas. En estos vehículos de información; sin embargo, el sexo es, quizás, el más denostado de todos.

La televisión, en particular, derrama "toneladas y toneladas" de erotismo desenfrenado e irresponsable, transformando la unión de los cuerpos en una simple salida a una falsa libertad sexual.

No existe la más mínima preocupación por situar el sexo en el conjunto del deber, la moralidad y la responsabilidad.

Estos fundamentos se consideran "de mal gusto."

Las excepciones son algunos anuncios relacionados con seguros de vida, en los que se recuerda al padre sus deberes hacia su familia... después de su muerte.

El joven se siente aplastado por el "peso" de tal carga publicitaria y en su día a día, si no tiene la mente firme, soñará con la oportunidad para sí mismo de lograr lo que se le muestra, exhaustivamente, como "delicias del paraíso."

Como resultado, el sexo, en su esencia, se desploma en una búsqueda frenética de placer, sin intermediación y con respeto recíproco, entre pares, en particular, o ante las costumbres, en general. Como consecuencia, en poco tiempo, los agentes se ven arrastrados a intrincados problemas existenciales. En esta etapa, como aspecto natural, la magia del amor se diluye en el espíritu, se instala el irrespeto constante, sobre la base del "cuanto más, con menos compromiso, con la mayor variación posible, mejor."

Entonces... se presenta la crisis inevitable, trayendo deberes que asumir, mayores que tus fortalezas morales. Desilusionados y agobiados por los choques de la conciencia con la realidad, se dirigen hacia el destino más cercano que ven: escapar.

En estos casos, esas fugas implican aborto, matrimonio forzado, venganza – de una forma u otra –, aburrimiento, apatía, búsqueda de otros placeres.

El alcohol y las drogas emergen como "salvadores de la nación."

El crimen se convierte en una hipótesis cercana.

¡El suicidio es muchas veces la solución definitiva!

Angustiados, los padres, alguna autoridad y algunos amigos y conocidos preguntan:

¿Cómo pudo pasar esto? ¿Qué es lo que faltaba? ¿Dónde está la culpa?

Tenía de todo y ¿cómo fue hacer algo así...?

Los jóvenes no lograron recibir el mensaje que la libertad sexual es la ruptura de tabúes, es la comprensión que los derechos son iguales entre los sexos, que la responsabilidad por los actos realizados implica el respeto a los demás – en definitiva –, que el sexo es bello, bueno y divino, única y exclusivamente cuando se vive con amor.

La libertad sexual nunca ha sido ni será la búsqueda frenética de placer, variando de pareja.

Ninguna relación sexual excluye el intercambio de energías espirituales. Ningún acto sexual excluye la responsabilidad.

Ningún compromiso surgido de un encuentro sexual debe romperse, ya que será perjudicial para la pareja.

Nadie es responsable de nadie, excepto de sí mismo; sin embargo, ninguna persona se liberará del daño que ha cometido o causado a otros, sin antes reconstruir lo que ha destruido.

Por lo tanto, se debe advertir a los jóvenes que se abstengan de tener relaciones sexuales permisivas e irresponsables.

Los estímulos vibrantes de la sexualidad, presentes en ellos, son naturales, muy naturales, representan la salud, nunca una necesidad fisiológica incoercible o incontrolada.

Padres: informen a sus hijos sobre las leyes naturales, cuya observancia los llevará a emplear sus energías en diversas actividades de ocio, deportivas, culturales, estudiantiles, artísticas y también de asistencia social a los necesitados.

Con los vínculos sagrados del matrimonio se consolidará la plenitud sexual, bajo las bendiciones de Dios y enmarcada por la paz, la unión y el amor.

Principalmente, ¡amor!

10.6 El Niño y el Sexo

Esta obra no es, ni pretende ser, una guía educativa, donde la familia – padres e hijos –, puedan encontrar respuestas a las interrogantes sexuales de los niños.

El alcance que intentamos comienza con el sexo desde la juventud, pasando por la edad adulta, la vejez, y especialmente después, en la desencarnación...

Por tanto, diremos muy poco sobre los aspectos sexuales de los niños.

De hecho, como confirmó Freud, el sexo ha estado presente en las criaturas desde su génesis.

En la fase infantil, enteramente poblada de reflejos, ansiedades y fantasías, corresponde a los padres apoyar decisivamente a sus hijos en estas dificultades, todas generadas de forma inconsciente. Allí los reflejos hablan fuerte, ya que la inteligencia aun no controla la mayoría de las acciones, sobre todo porque no había tiempo para aprender. Desde el nacimiento hasta aproximadamente los seis meses de edad, los niños producen fantasías rudimentarias, ya que su percepción del mundo es igualmente rudimentaria.

Como son inconscientes, las fantasías están más allá del control del niño y actúan predominantemente los instintos.

Transformar positivamente las manifestaciones emocionales y las acciones físicas del niño lo antes posible: ésta es la tarea rectora de los padres.

Desde una perspectiva espiritual, es necesario considerar que este niño es un recién llegado al plano material, proveniente del plano espiritual, muchas veces después de un largo período como adulto. Su periespíritu, gracias a una de sus innumerables propiedades, la elasticidad, reduce su forma de adulto a embrión, luego vuelve a crecer, pasando de feto a niño, todo esto desde la concepción y por un período de más o menos nueve meses - embarazo materno.

El cerebro de este espíritu, que abarca mente, intelecto y conciencia, sufre también un beneficioso proceso de amnesia, para que el ser que nace pueda adquirir nuevas experiencias o reequilibrarse, libre de recuerdos negativos de sus vidas anteriores.

Así, al nacer, el niño reinicia su viaje evolutivo, en el punto exacto en el que lo dejó en sus experiencias relativas a vidas anteriores. En el período de tiempo entre la última desencarnación y el actual renacimiento, recibe guía espiritual, a menudo con reprogramaciones y readaptaciones kármicas, todo ello con miras a su progreso moral.

A medida que el niño crece, comienza a crear su propio mundo, en función de su etapa evolutiva espiritual, y pronto surgen tendencias que dan noticias a un observador astuto de lo sucedido antes, en otras vidas.

En cuanto al sexo, dada la curiosidad natural de los niños, en la que los niños se tocan a sí mismos o a sus amigos, o hacen preguntas relacionadas con diferencias fisiológicas, debe merecer actitudes de comprensión y respuestas honestas, siempre a su nivel intelectual.

Con el paso de los años, a medida que se acerca la adolescencia, será productivo que los padres se anticipen a los cambios hormonales naturales e informen a sus hijos sobre ello.

Si en algún momento se descubre la adicción a la masturbación, este asunto puede discutirse entre el padre y el hijo, o entre la madre y la hija, según sea el caso. Discutiendo con calma, los padres inducirán a sus hijos a otras actividades que llenen las áreas naturales del cuerpo: ocio, filantrópico, estudiantil, deportivo, etc.

El sexo – fuerza creadora divina, inmanente a todos los seres vivientes –, está siempre presente, sea cual sea el plano, físico o espiritual, sea cual sea la edad, niño o anciano. Es bueno aprender esto temprano. El niño es un estudiante que fue guiado en el plano espiritual y ahora, en el plano terrenal, será puesto a prueba. Hay protectores espirituales, aquí protectores encarnados: los padres. La forma en que se lleve a cabo en la Tierra puede resultar en aprobación o desaprobación.

Los padres que tengan esta comprensión no se sorprenderán del florecimiento de la personalidad de sus hijos, entendiendo que hay, a veces, ¡espíritus mayores que ellos!

Conscientes de sus responsabilidades ante Dios, conducirán a sus hijos al mejor destino posible, que es el camino correcto, enmarcando la moral cristiana todos los actos, especialmente los sexuales.

Considerando que el hogar se convierte a menudo en un caldero hirviente de incomprensiones, ingratitudes y exigencias, en el que los hijos arrojan a sus padres, les corresponde a ellos buscar ayuda en el Evangelio. Si no en su totalidad, casi, este cuadro enfrenta desafíos de vidas pasadas, donde lo que llega como un cobrador implacable.

¡Excluyendo el Evangelio, por la paz, no hay escapatoria posible!

Porque, sin comprensión y tolerancia, las peleas se intensificarán y las diferencias aumentarán, con resultados inevitables y cada vez más dolorosos.

Pero, escuchando a Jesús, el perdón bálsamo, aplaca, pacifica...

El amor de los padres hacia sus hijos ingratos o atribulados tarde o temprano los involucrará, como el soplo permanente de Dios que es.

Nada es más beneficioso para el progreso del espíritu que reconciliarse con los enemigos.

Dios, Padre nuestro, toda sabiduría y justicia, bondad y luz, inteligencia suprema del Universo, organizó para el hombre el incomparable proceso pedagógico de la evolución espiritual, a través de la reencarnación.

Además, creó la familia, como el más sagrado de los institutos divinos, destinado al encuentro, al reencuentro, al rescate y a las uniones eternas y felices.

10.7 Vejez y sexo

La eterna juventud: ¡una quimera! Científicamente, la vejez se define como la situación en la que el ser humano experimenta una disminución progresiva de sus actividades físicas.

Se sabe que el envejecimiento orgánico se produce a nivel celular, con una disminución natural del vigor.

Si durante el crecimiento se forman un mayor número de células, en comparación con las que mueren, hay un equilibrio en la madurez,

La pérdida de células en la vejez es inexorable.

Seremos breves al abordar aquí la "senilidad física" – transformaciones físicas en las diferentes etapas de la vida –, así como la "senilidad mental" – debilitamiento mental y emocional.

Nuestras opiniones se dirigen principalmente a las condiciones espirituales y a los sentimientos de las personas mayores, no a las consecuencias patológicas que resultan de la edad.

Muchas personas mayores suelen sentir angustia porque la sociedad les niega el ejercicio de actividades o funciones que han desempeñado durante décadas.

En este marco surge el sexo, o mejor dicho, la relación sexual.

Quienes llegan a la vejez a menudo se ven obligados a inhibirse sexualmente por la engañosa ortodoxia social: muchos jóvenes y adultos consideran que el sexo en la vejez es "indecente."

Esto solo puede entenderse por el hecho que, remotamente, la procreación solo estaba permitida a los más fuertes, a los guerreros victoriosos, a los principales combatientes. Esta costumbre primitiva echó raíces en la sociedad, por la cual solo los niños así generados podían asumir el mando o participar en el destino de sus tribus...

Francamente: en la barbarie sería incluso comprensible , pero no aceptable, tal norma, si cada relación sexual, necesariamente, tuviera que generar un nuevo ser.

Pero tanto en aquellos tiempos como ahora, la propia Naturaleza, siempre ha sido la encargada de controlar la génesis, ya que entre otros innumerables factores, psicológicos y biológicos, la producción hormonal disminuye en la vejez.

Y las hormonas son responsables de la procreación.

En las mujeres, por ejemplo, después de la menopausia – que generalmente comienza entre los 45 y 50 años y dura de 6 meses a 3 años –, la producción de óvulos cesa casi por completo.

En los hombres, aunque la espermatogénesis les acompaña hasta el final de su vida, por muchos años que vivan, con la edad las condiciones procreadoras disminuyen mucho, porque además se produce de forma más lenta. Además, la vejez reduce ligeramente la producción de hormonas sexuales masculinas androgénicas: la testosterona, que es la principal.

Por todo ello, considerar la vejez incompatible con el sexo constituye un atavismo, injusto y desaconsejable, pues no se sabe de nadie que haya mantenido su juventud para siempre...

Idoneidad sexual

La "menopausia masculina" ya no se considera folklore, sino certeza científica, llamándose andropausia o climatérico masculino.

La vejez, tanto para hombres como para mujeres, no es algo que haya que temer. El sexo no solo es legal para jóvenes y adultos, sino que nunca será indecente para las personas mayores, siempre y cuando sea disfrutado – por algunos –, con responsabilidad, con compañerismo, especialmente con el amor.

Experimentados de esta manera, dentro de este comportamiento muy ligado al sentido común, los mayores tienen ventaja sobre los jóvenes, pues ya cuentan con la experiencia que les ha aportado el tiempo. Además, ya no se preocupan por el control de la natalidad familiar, ni por encontrarse en una situación financiera generalmente estable.

Las personas mayores que han tenido la felicidad de tener una pareja sexual durante décadas deberían disfrutar tranquilamente de esta compañía, si se mantiene el interés recíproco.

En cambio, quienes se encuentran solos, por pérdida de pareja o por elección propia, deben llevar su vida, dado su deseo sexual, dentro de parámetros que no lleguen a ser ridículos. Por ridículo entendemos la búsqueda desenfrenada de estimulantes, excitantes o tonificantes impulsos sexuales, a través de medicamentos u otros medios. Esto expone la inmadurez y la ignorancia de las leyes naturales.

Es doloroso ver que muchas personas mayores, en busca de la juventud perdida, saturan su cuerpo de productos eróticos.

Esto parece incluso una declaración de guerra al tiempo, en la que el hombre maduro, poseedor de innumerables recuerdos sexuales placenteros, busca desesperadamente volver a ser el joven de ayer, sexualmente impetuoso, pero aun privado de estas gratificaciones.

Ahora bien: si la propia Naturaleza concede la longevidad, manteniendo el interés sexual, no habrá nada represible para el individuo en experimentarla – siempre en condiciones de respeto, responsabilidad y pureza.

Siempre se debe tener presente que el sexo es inspirador, divino.

Se concede al hombre, no solo para la procreación, como ocurre con los animales, sino también como elemento de sano placer. En la práctica heterosexual, que es el impulso natural del ser humano, hay un gran intercambio energético espiritual entre parejas que se aman y se respetan.

Si es mayor, no importa.

Por eso, como todo en la vida, la vejez es una cuestión de adecuación: sabia y perfecta, la Naturaleza proporciona a todos los hombres las condiciones para una vida digna, adaptada a la cronología de cada uno.

Lo que no es aceptable en el sexo, a cualquier edad, es la permisividad, la promiscuidad, la aberración.

¡Aun menos la irresponsabilidad!

Caridad: ¡la mayor gratificación!
En el caso de las personas mayores, cuya libido permanece activa, es aconsejable asumir una relación responsable, con una sola pareja, o sublimar su erotismo, transformándolo en acciones fraternas, en favor de los necesitados.

Como en cualquier edad, pero particularmente en la vejez, la dedicación a los demás será de gran utilidad, no solo para el presente, sino principalmente para el futuro – egreso inexorable a la patria espiritual.

Hay innumerables oportunidades para esto.

Prácticamente en todas las ciudades existen instituciones filantrópicas y de bienestar, ya sean religiosas o mantenidas por clubes de servicios, que atienden a niños, jóvenes y adultos indefensos y solitarios. Estas entidades, de hecho auténticos servicios de emergencia del espíritu, suelen luchar con dificultades de todo tipo: financieras, de personal, materiales. Sin duda acogerán con los brazos abiertos a cualquier persona mayor que voluntaria y gentilmente se proponga pasar allí unas horas al día, ayudando de alguna manera.

Hay que tener en cuenta que las personas mayores, gracias a su larga experiencia, son un auténtico tesoro de sabiduría.

Además, es sumamente gratificante para el espíritu de quien ayuda, sentirse útil a los demás, especialmente cuando ese prójimo está en necesidad.

Caridad, así llaman los ángeles a este procedimiento, que tiene la propiedad de otorgar un pasaporte para utilizarlo en innumerables viajes hacia la evolución.

Incluso podemos decir que la caridad es como una feliz "empresa agrícola" universal, que tiene a Dios como Presidente y a Jesús como gerente terrenal.

Seguramente un excelente "trabajo" es pertenecer a esta empresa, como sembrador, sabiendo de antemano que allí nunca tendrás pensión y que el salario es en base a 1:30, a veces 1:60, llegando a lo increíble, ¡desproporción de 1:100! Ver Mateo – 13:8.

11 Matrimonio

11.1 Monogamia

Si la naturaleza hizo más fuerte al hombre fue para, uniéndose a la mujer, protegerla, dotándola, en cambio, de más sensibilidad, percepción, intuición, paciencia y más resignación que el primero.

Hay muchas dudas en la ciencia moderna sobre si el hombre podría soportar el embarazo, la gestación y el parto... todo ello sin blasfemia, sin desesperación y sin intolerancia.

El Creador les dio a ambos el instinto sexual, garante de la perpetuación de la especie, con el que estuvieron unidos desde el principio, aunque algunos no engendren descendencia.

Y esto sigue sucediendo hasta el día de hoy, sin que nada haga pensar que esta atracción, del alma y del cuerpo, vaya a ser desterrada del paisaje terrenal en un futuro próximo.

Dotadas de razón, de conciencia y ciertamente intuidas por planes superiores, varias sociedades, legislando sobre la moral, decidieron proclamar en un buen momento la institución del matrimonio, para legalizar la unión de un hombre y una mujer, formando una familia.

¡Unidos, hombre y mujer son imbatibles!

El Espiritismo, al consagrar el matrimonio monógamo, cuya ausencia conduciría a la barbarie, aclara que, manteniendo la igualdad de derechos, el progreso social se obtendrá mediante el desempeño de funciones específicas de ambas partes – hombre y mujer.

Orientar y educar a los hijos es tarea del padre y de la madre.

La esencialidad materna es un atributo femenino.

La protección y la subsistencia son responsabilidad de los hombres y nada impide que las mujeres compartan esto.

Las responsabilidades familiares y el cuidado del hogar no deben ni pueden ser responsabilidad exclusiva de las mujeres, especialmente si trabajan fuera del hogar.

Al contrario: deben y necesitan ser compartidos y, lo antes posible, también deben ser asignados a los niños.

11.2 Poligamia

En *"El Libro de los Espíritus"*, encontramos:

– Pregunta 696: ¿Qué efecto tendría la abolición del matrimonio en la sociedad humana?

Respuesta: Sería una regresión a la vida de los animales.

– Pregunta 701: ¿Cuál de las dos, la poligamia o la monogamia, se ajusta más a la ley de la Naturaleza?

Respuesta: La poligamia es una ley humana cuya abolición marca el progreso social. El matrimonio, según la visión de Dios, debe basarse en el afecto de los seres que se unen. En la poligamia no hay afecto real: solo hay sensualidad.

No es necesario comentar.

11.3 Almas Gemelas o "Mitades Eternas"

Aun en *"El Libro de los Espíritus"*, ahora en las preguntas 200, 201 y 202, se enseña que los espíritus no tienen sexo, tal como lo entendemos, y que, en el cuerpo humano, masculino o femenino, nace el mismo espíritu..

¡Esta declaración es fantástica!

Acoplándolo a la teoría de la reencarnación y combinándolo con lo que ya han demostrado la Genética y la Biología, respecto del potencial sexual – bipolarización –, y del "programa de vida" – ADN –, existentes en un mismo individuo, es ineludible para el razonamiento no admitir vidas sucesivas.

Continúa el citado trabajo: "lo que diferencia al sexo, en la Tierra, es la necesidad de la criatura de adquirir experiencia, además de las pruebas que tiene que sufrir.

La unión afectiva de estos espíritus – preguntas 291 a 303 –, no está subordinada a "mitades eternas."

Sin embargo, en "El Consolador", F.E.B., Río de Janeiro, 6a. Ed., 1976, el Espíritu Emmanuel, en las preguntas 323 a 326, dice que:

– "Cada corazón tiene en el infinito su alma gemela, divina compañera para el camino hacia la gloriosa inmortalidad."

Emmanuel, interrogado por la F.E.B. sobre este planteamiento de las "almas gemelas", reduce la contradicción con la respuesta a la pregunta 298 de *"El Libro de los Espíritus"*, a un pequeño malentendido de "filtrado mediúmnico." Todo esto a través de la mediumnidad de Chico Xavier, en fotogramas de su humildad incomparable) Emmanuel; sin embargo, mantiene su pensamiento, respecto a los espíritus, afirmando que la tesis; sin embargo, es más compleja de lo que parece a primera vista. En cualquier caso, la expresión "almas gemelas" o "mitades eternas" parece ser una fuerza expresiva.

Considerando que en la fase avanzada de la evolución espiritual cada ser se une a los demás a través del amor divino y universal, no sería lógico que "dos mitades" se volvieran a encontrar en esa orilla, uniéndose eternamente.

Teniendo en cuenta la sintonía y la afinidad, es justo pensar que tenemos varias "almas gemelas", en el sentido que muchos otros seres vibran en la misma frecuencia que nosotros, positiva o negativa.

No olvidemos, tampoco, que criaturas que se lastiman y dañan entre sí, se conectan entre sí, por un tiempo: a través de dobles reencarnaciones, pareciendo "una eternidad", hasta que se ajustan, logrando la plena armonía.

Esta adaptación, la mayoría de las veces, es de gran ayuda en los humildes recintos de paredes descoloridas de los Centros Espíritas, a través de médiums desinteresados que acogen el desafecto desencarnado, inculcándoles la idea del perdón.

Es bien sabido que los enemigos que verdaderamente se reconcilian se vuelven a hacer amigos "para toda la vida."

Entonces, querido lector, perdónanos una pequeña objeción: si al tiempo que estarán juntos a partir de ahora, por sincera amistad, sumamos el período en el que estuvieron unidos por enemistad, esto podría significar incluso que desde el momento en que se conocieron se convirtieron en "hermanas del alma."

De hecho, todos fuimos creados para esa convivencia fraterna:

- primero formando parejas: familias;
- luego formando grupos amigos: descendientes y otros amigos;
- a veces emparejando nuestros destinos también con los enemigos; al armonizarnos, nuestro grupo de amistad será incontable; –enemigos = cero.

12 CONTROL DE NATALIDAD

12.1 Demografía

En la época de Jesús encarnado, los demógrafos estiman que había 250 millones de personas en el mundo.

En la época de Cristóbal Colón, alrededor de 1492, se estimaba que el mundo tenía 400 millones de habitantes.

Los primeros mil millones de personas se alcanzaron en 1830, al comienzo de la "revolución industrial."

En 1930, dos mil millones. En 1975, cuatro mil millones. En 1987, cinco mil millones.[7]

Las cifras anteriores nos dicen que al mundo le tomó miles de años alcanzar los primeros mil millones y solo un siglo para alcanzar el segundo.

A partir de entonces, el crecimiento demográfico global se aceleró y los países desarrollados comenzaron a preocuparse por ello, buscando impedirlo de diversas formas. Su objetivo: evitar movimientos migratorios en su camino.

El "malthusianismo" – doctrina de Robert Malthus, inglés, pastor evangélico, 1766-1834 –, que defendía restricciones a la reproducción de la especie humana, por motivos económicos, ganó adeptos principalmente entre los países desarrollados, los actualmente llamados "países del primer mundo."

Malthus teorizó, en 1800, que la población mundial crecía en progresión geométrica, mientras que la producción de alimentos crecía en progresión aritmética; como resultado, afirmó, el hambre se extendería por todo el mundo.

---

[7] Fuente: Andrew C. Varga, "*The main issues in bioethics*", edición revisada, Paulist Press, Nueva York, 1984, p. 25-26.

Una predicción tan desastrosa tiene cierto contenido, mucho más por el egoísmo humano que por otros factores. La Tierra es capaz de albergar, alimentar a su población actual y mucho más – no podemos olvidar que Dios es quien se ocupa de la vida. Para ello bastaría con que los países ricos apoyaran la agricultura global, renunciando, por ejemplo, solo a los fabulosos recursos financieros invertidos en material bélico.

Desde la década de 1970, el mundo ha celebrado conferencias – 1974:Bucarest, 1984:México –, para discutir el problema del control demográfico. Los resultados siempre conducen a posiciones radicales, a favor o en contra. La Iglesia católica, los países del primer mundo y otros países no llegan a un consenso, ya que las opiniones son reduccionistas, por lo que el entendimiento siempre toca a puertas cerradas que no se abren.

Recientemente, las Naciones Unidas publicaron un informe según el cual, a finales de siglo, habrá mil millones de mujeres en edad fértil. Es más: los 5.400 millones de habitantes actuales duplicarán esa cifra antes del año 2050.[8]

La realidad demográfica, con sus análisis y proyecciones, nos obliga a pensar en cuánto ha evolucionado el mundo, como planeta.

La llegada ininterrumpida y creciente de nuevos estudiantes a esta gran escuela demuestra que los planes siderales, actuando con base en las leyes naturales, consideran adecuada, factible y beneficiosa dicha contribución.

Por nuestra parte, considerando que el mundo, desde Jesús hasta hoy, multiplicado el número de habitantes por 20 – veinte –, tal vez sea justo imaginar que muchos de estos espíritus podrían ser migrantes planetarios. Y que la Tierra, al acogerlos, se posiciona como instrumento divino de su evolución.

---

[8] Fuente: *"ANSA"*, Roma, especial para el diario "A Cidade", Ribeirão Preto/SP, 24–Nov.91

Además de admirar y disfrutar, tenemos que agradecer a Dios por permitir los avances tecnológicos del último siglo, en todos los sectores de la actividad humana, así como los extraordinarios pasos que la Humanidad ha ido dando, casi día a día. Los simples avances en la tecnología de la información, para no ir más lejos, no dejan claro que están llegando inteligencias superiores; lo más destacable es que los niños de hoy en día se apropian de estos avances científicos con una facilidad increíble, dominando casi por completo su técnica, algo que a sus padres les cuesta seguir.

Los neurólogos dicen que esto se debe a que las neuronas se activan desde edades tempranas. Muy bien. Pero, ¿por qué recién ahora han llegado al planeta estos inventores y, además, las personas "mayores" no han tenido las mismas posibilidades? La respuesta, por supuesto, está en el "merecimiento", de unos y de otros, y la intelectualidad no significa evolución, divorciada de las virtudes del amor, principalmente.

En otras palabras, podemos concluir que el planeta Tierra ya está en el umbral de su promoción, cuando dejará de ser un "mundo de expiación y de pruebas" para convertirse en un "mundo de regeneración." Así está previsto en la pregunta 1.019 de *"El Libro de los Espíritus."*

12.2 Métodos anticonceptivos

Actualmente, el control de la natalidad se puede lograr mediante medios físicos, químicos o quirúrgicos.

Físicos:

– uso de condones – en hombres.
– interrupción de las relaciones sexuales,
– lavarse inmediatamente después de la relación sexual,
– abstinencia periódica,
– aplicación de dispositivo intrauterino (DIU).

Químicos:

- ingestión de medicamentos anticonceptivos – píldoras anticonceptivas, etc.
- anticonceptivos inyectables – en mujeres.
- tabletas espermicidas.

Quirúrgico:

- en mujeres: ligadura de trompas – ligadura de las trompas de Falopio
- en hombres: vasectomía – ligadura de trompas de los conductos deferentes.

Desde un punto de vista terrenal, sea cual sea el método adoptado, se recomienda que la pareja solo tome una decisión tras el consejo médico.

12.3 Limitación de los niños

Haciendo uso de su libre albedrío, la pareja podrá limitar el nacimiento de hijos, manteniendo la normalidad de las relaciones sexuales entre ellos.

No es nuestra intención sugerir o aconsejar qué hacer en esta área.

Solo expondremos opiniones existentes, recogidas a través de la convivencia con amigos espíritas, además, y sobre todo, de conceptos doctrinarios espíritas.

Sería prudente que la pareja, antes de decidir limitar su número de hijos, considerara algunos factores, como:

- es potestad del matrimonio limitar el número de hijos, pero no estarán exentos de sus rescates;
- los reembolsos no asumidos representan solo un aplazamiento del pago, quizás en condiciones más difíciles;
- evitar tener hijos bajo el argumento de imposibilidad económica o, peor aun, con vistas a no aumentar la población mundial, son excusas inaceptables, propias de quienes no conocen el Evangelio;

- en este asunto, como en todos los asuntos que afectan a marido y mujer, es necesario un consenso, porque si la opinión es de uno solo, seguramente se producirá una perturbación en el clima familiar conyugal;
- todas las decisiones deben tener en cuenta la reencarnación, con sus alcances, finalidades y profundización – en el pasado;
- Uso de consejos espirituales amigables y fácilmente identificables:
    - escuchar la intuición, especialmente después de orar;
    - meditar en oración, antes de quedarse dormido;
    - mentalizar al ángel de la guarda, leyendo el Evangelio;
    - analizar sueños, normalmente con niños, si son repetitivos y con el mismo niño...

Una vez cumplidos estos pasos, y otros que se den, en "conexión directa" con Jesús, la probabilidad de acertar, a la hora de decidir, será casi del 100%.

Si el amor estaba presente en todos ellos, no hay escapatoria: ¡la decisión es 100% correcta! Las parejas que se esfuerzan por evolucionar espiritualmente, incluso las que ya están contempladas por las luces del Espiritismo, ejercen; sin embargo, control sobre el nacimiento de sus hijos. Parece, pues, que la fe en la divina providencia no es todavía una de las realizaciones de sus almas...

Comúnmente, la limitación de hijos se debe a la precariedad económica de la pareja.

O incluso, cuando la descendencia ya sea numerosa.

Rara vez, por consejo médico – casos de ligadura de trompas.

De hecho, el factor económico influye poco en esta decisión, ya que lo que se ve es exactamente lo contrario: las familias más pobres son las que tienen el mayor número de hijos, lo que también contradice el argumento de la descendencia numerosa.

En los casos en que exista una indicación médica, sería irresponsable no aceptarla, ya que la medicina terrenal es ciertamente uno de los dones que Dios concedió a los hombres, para ayudarlos en su vida terrenal.

Por lo tanto, podemos admitir que la limitación de los hijos casi siempre se ha decidido según el "proyecto de vida matrimonial", donde su presencia – los hijos –, podía obstaculizar.

En el fondo, aunque dolorosa de reconocer, se trata de una decisión extremadamente egoísta, ya que el "proyecto de reencarnación", previo al matrimonio – incluso antes del nacimiento de la pareja –, fue debidamente aprobado por los futuros padres. Este contrato fue recitado, y allí se aprobó en espiritualidad, que el número de hijos era el "artículo 2, ya que la unión era el "1°..."

13 INSEMINACIÓN ARTIFICIAL

13.1 *El hecho científico: "Bebé probeta"*

El embarazo por inseminación artificial se define científicamente como: "proceso de fecundación que consiste en la introducción, por medios artificiales, de semen en el tracto genital femenino."[9]

La genética, en este siglo, se ocupó inicialmente con éxito de la inseminación artificial en animales. Actualmente, los criadores y matrices altamente seleccionados vienen proporcionando importantes ingresos a empresas y particulares que operan comercialmente en este ámbito.

En el caso humano, el esperma del padre – recogido en el laboratorio, después de la masturbación –, se coloca en un tubo de ensayo – vaso de precipitados –, donde, en condiciones muy especiales – congelación a –190 grados, en nitrógeno líquido –, se conserva durante un período de tiempo indefinido.

Hoy en día, con el siniestro acecho del SIDA, existen instrucciones médicas que determinan que todos los donantes de esperma y semen sean reexaminados después de seis meses, o antes, si se va a utilizar el esperma. Esto reduciría los riesgos de la "ventana inmunológica", el período en el que el individuo infectado demora en producir anticuerpos contra esa enfermedad. Hay informes de mujeres que han contraído la enfermedad a través de un banco de esperma, pero ninguno de estos casos ha sido reportado en Brasil.

---

[9] *"Novo Dicionário Aurélio"*, por Aurélio Buarque de Holanda Ferreira, Nova Fronteira, 1ra, Ed., pág. 769

Para la fecundación, el esperma se descongela en el momento de la aplicación, lo que puede ocurrir de dos formas:

- inseminación artificial – el semen se introduce en el sistema genital de la mujer;
- fertilización *"in vitro"* – la fertilización se produce fuera del útero de la mujer; el óvulo de la mujer se recoge mediante una punción vaginal y es fecundado con el esperma del hombre; el embrión – que en este caso tarda alrededor de 48 horas en formarse –, se aloja clínicamente en el útero de la madre, para que se complete el embarazo.

El 25 de julio de 1978, en el Hospital General Odhan – Londres, Inglaterra –, nació el primer ser humano cuya fecundación se produjo *"in vitro"*: la niña Louise Brown, por cesárea, nació con un peso de 2,31 kg, hija de Lesley Brown, 32 años de edad. Anteriormente, a partir de 1970, no se pudieron completar dieciocho fertilizaciones en tubos de ensayo debido a los conocimientos técnicos insuficientes de los pioneros, los profesores Patrick Steptol, Robert Edward y Barry Bavister.

Este milagro se repetiría el 2 de febrero de 1979, en Calcuta, India, nació el segundo bebé probeta: la niña Druga – nombre de una diosa venerada en la India.

El tercero, en Australia.

La genética abrió así definitivamente sus puertas a límites jamás soñados.

13.2 *El hecho social*

El periódico espírita "El Sembrador" – publicación de la Federación Espírita del Estado de São Paulo –, en noviembre 1982, realizó una encuesta sobre la conveniencia o no de los "bebés probeta." La investigación entrevistó a personalidades destacadas en estudios y análisis de Medicina, Psiquiatría, Psicología, Pedagogía, Literatura, en simultáneo con la Doctrina Espírita.

A veces las opiniones eran contradictorias. Se opinó que:

- sería mejor adoptar niños abandonados – en cuyo caso la pareja no podría procrear;
- el "niño biológico" despierta el amor, egoísta al principio, pero capaz de evolucionar hacia hijos adoptados;
- la adopción de niños es una situación anómala, ya que no debería haber niños sin madres;
- considerar como egoísta el deseo de tener un hijo propio es absurdo, ya que la procreación es un sentimiento innato en la mujer;
- la inseminación artificial podría conducir a una etapa evolutiva en la que los padres y las madres necesitarán reunir condiciones biológicas, intelectuales, neurológicas y espirituales para recibir y educar a espíritus más evolucionados y preparados;
- el "bebé probeta" sería una etapa anterior al futuro en el que los bebés nacerán fuera del útero de la mujer, eliminando así los dolores del parto;
- este tema no es apropiado;
- hay más abortos que muertes en las guerras: esto es lo que debería preocupar a la sociedad.

De hecho, con el "bebé probeta" inicialmente buscábamos brindar a las mujeres con impedimentos físicos para la fertilización la felicidad suprema de ser fértiles: convertirse en madres.

Aunque es muy costosa, la técnica de fertilización de laboratorio ya se ha utilizado en todo el mundo y ha ayudado a innumerables casos de madres previamente frustradas. Se sabe oficialmente que en Brasil, en marzo de 1992, cada intento de fertilización en laboratorio costaba alrededor de 4 millones de reales.

Así lo informó el periódico *"The New York Times"*, de Nueva York, Estados Unidos, el 10 de noviembre de 1991. Los centros médicos de EE. UU. ofrecen a las parejas no fértiles una nueva opción, aunque muy caro: los óvulos de jóvenes sanos se fertilizan en un laboratorio y se implantan en el útero de la mujer estéril.

Precio por cada intento: 10.000 dólares estadounidenses, con una probabilidad del 25% al 30% de resultar en el nacimiento de un niño. *"La venta de huevos comenzó en 1987, pero ahora se está volviendo más habitual"*, concluye el periódico.

13.3 El Hecho y la Ética

La vida es una creación sagrada.

Tiene normas perfectas, inmutables y justas, como todo lo que viene de Dios.

La Ciencia, al tener acceso parcial a ciertos mecanismos de reproducción genética, siempre debe inclinarse humildemente ante tanta sabiduría.

Así como "Salomón, que con todo su esplendor fue incapaz de tejer un manto blanco como azucenas", igualmente el hombre, con todos sus fantásticos conocimientos científicos ya conquistados y almacenados en no menos fantásticas computadoras, no fue capaz de construir un solo espermatozoide... Y, en términos de Genética, es bueno saber – o recordar –, que cada mililitro – o centímetro cúbico –, de esperma contiene, en promedio, de 60 a 200 millones de espermatozoides; y, además, que la espermatogénesis comienza alrededor de los quince o dieciséis años, continuando hasta la vejez.

La ética, como parte de la Filosofía, al estudiar los deberes del hombre para con Dios y la sociedad, debe ir un paso por delante del progreso científico, en la postura muy oportuna que Pablo, el damasco converso, recomendaba a los Corintios (I, 6:12): *"Todo me es lícito, pero no todo me conviene."*

Esta recomendación debería resonar en la mente de los científicos y otras personas que actualmente desperdician sus dones intelectuales y físicos, respectivamente, cuando buscan, el primero, experimentos de eugenesia – determinación de raza –, y determinación del sexo, y el segundo, cuando venden o alquilan sus cuerpos.

A un gesto de familia hay que atribuir el reciente caso de una señora norteamericana que albergaba en su útero un embrión procedente de la fecundación en laboratorio del esperma de su yerno y del óvulo de su hija, ya que nació sin útero. Este gesto pionero y este hecho inédito, que una abuela sea madre de su "nieto" – ¿o era "nieto"? –, hizo que los legisladores norteamericanos se inclinaran sobre sus escritorios para actualizar el código de derecho civil de ese país...

Ahora bien: "bancos de esperma de genios", "gestación subrogada", fecundación programada entre no cónyuges, úteros artificiales... todo esto parece indicar que la conciencia de los responsables ha eclipsado el sol de la moral cristiana.

Como Dios es una fuente que fluye sin cesar, todos tendrán nuevas oportunidades, en nuevas vidas, donde tal vez este sol los encuentre en una órbita cautiva de infertilidad.

Valorarán así los supremos dones divinos de la inteligencia y la salud.

13.4 El Hecho y el Espiritismo

"El Espiritismo y la Ciencia se complementan; la Ciencia, sin el Espiritismo, encuentra imposible explicar ciertos fenómenos, únicamente por las leyes de la materia; el Espiritismo, sin la Ciencia, quedaría sin apoyo y sin examen."[10]

El Espiritismo, por tanto, no está en contra del "bebé probeta", siempre y cuando sea una lucha contra la esterilidad.

Teniendo en cuenta que el embarazo resultante normalmente se produce durante nueve meses en el útero de la madre, no hay nada que objetar a semejante logro científico.

Podemos suponer que la misericordia divina habrá permitido tal progreso, pues considera agotado el karma de las madres que se benefician de él.

---

[10] Allan Kardec, en: "*La Génesis*", FEB, 11ª Ed., página 17.

Tal vez porque no fue así que estas madres tuvieron que pasar toda su vida ansiosas por la maternidad frustrada. Para cuando alcancen el beneficio científico, ya habrán aprendido a valorar el significado sublime de la vida, cuando ésta genera otra vida de forma natural.

Lo que hay que cuestionar sobre este hecho y todos los demás hechos científicos es la implicación moral que los hombres hacen de ellos. No condenamos, por ejemplo, el descubrimiento de la energía atómica, cuando es ampliamente utilizada para el progreso de la Humanidad: medicina nuclear, agricultura, conquistas espaciales, generación de energía eléctrica, etc.; lo que es reprobable, en este caso, es que tal descubrimiento esté destinado a ser destructivo, por artefactos de guerra.

No es reprochable, en otro ejemplo de avance tecnológico, la fabricación de bisturíes muy afilados: es reprobable que el mismo acero que los bisturís se utilice para construir dagas.

Y sin embargo: los tractores y las máquinas de movimiento de tierras son vehículos de gran valor, esenciales para la agricultura y la construcción de carreteras, plantas, embalses, etc.; los tanques de guerra, con el mismo principio operativo, más armas, son un desperdicio intolerable de tecnología, mano de obra y dinero.

Por lo tanto, fundamentalmente la cuestión es de elección.

Es una pena que en su etapa evolutiva actual, nuestro planeta haya avanzado más científicamente que moralmente.

14 EL ABORTO

El aborto – interrupción violenta del embarazo –, no puede considerarse de forma aislada.

Son varios los factores que conducen a la solución despiadada del aborto criminal, considerado como tal cuando se realiza sin indicación terapéutica – consejo médico, para salvar a la madre.

14.1 Factores Sociales

Alrededor de 2,8 millones de jóvenes entre 13 y 19 años quedan embarazadas cada año en Brasil, la mayoría de ellas pertenecientes a los sectores más pobres de la población.

Una investigación publicada en el *"Jornal da USP"*, del 7/10 al 13/91, reveló que estas jóvenes tienen muchas necesidades, siendo la principal el amor paternal.

El perfil, aunque elaborado a partir de una investigación en la ciudad de Franca – SP, se adapta a chicas de otras regiones.

Aquí están los datos:

- un buen número de mujeres jóvenes hablaron de sus necesidades de cariño y atención, y del sufrimiento que les provoca la ausencia o mala relación con su padre;
- en un 20% de los casos no mantienen contacto con su padre, ya sea porque falleció (10%), abandonó a la familia (3%) o la madre es soltera (7%);
- el 43% de los encuestados habla de su padre con resentimiento:
    - no les agrada;

- lo acusan de golpear a su familia;
- no sabía sobre el embarazo;

– El 27% se siente más querido por su madre que por su padre.

Los datos recogidos por la investigación demuestran que las jóvenes embarazadas se arrepienten de la iniciación sexual temprana, así como de no utilizar métodos anticonceptivos.

Aunque las investigaciones demuestran que el aborto, en esta etapa – confirmación del embarazo –, no parece ser una opción, en nuestra opinión creemos que a medida que el proceso de tal embarazo continúe, inesperado y no deseado, una gran parte desembocará en él.

14.2 Factores Económicos

Bajo la falacia del bienestar, el mundo se ha involucrado en la llamada "planificación familiar" durante varias décadas:

1. En 1948, la Asamblea General de la ONU – Organización de las Naciones Unidas, de la que Brasil es miembro –, proclamó la "Planificación Familiar" como un "beneficio y necesidad internacional";
2. En 1968, en el mismo ámbito, la ONU, se aprobó la Planificación Familiar, ahora bajo el paraguas de "Derechos Humanos Básicos";
3. En Brasil no existe una postura oficial hacia la Planificación Familiar; sin embargo, nuestra mentalidad, generalmente basada o influenciada por modas ajenas, ha adoptado el uso de píldoras anticonceptivas; los llamados "60" constituyeron un tren, cuyo destino los medios norteamericanos se encargaron de dirigir; este tren recorrió el mundo, recogiendo pasajeros y descargando su carga – la libertad sexual, el llamado "amor libre" –; Brasil, como la mayoría de los países, se subió a este tren...
4. Para no extendernos demasiado, basta recordar que la planificación familiar se viene realizando a nivel internacional, desde que en 1952 el millonario

norteamericano John Rockefeller II fundó el *Population Council* – en traducción libre = El Consejo Popular –, para hacer frente a el tema a nivel mundial;

5. Entre 1969 y 1977, sin ninguna supervisión del Gobierno brasileño, se recibieron aquí alrededor de cinco millones de dólares de diversas organizaciones extranjeras – incluida la mencionada anteriormente –, destinados a beneficiar los programas de control de la natalidad.

Ésta es nuestra triste realidad: aunque con datos inconcretos, ya que la clandestinidad oculta la verdad, se cree que cada año se practican en Brasil al menos cuatro millones de abortos, generalmente en condiciones higiénicas precarias.[11]

14.3 Factores Kármicos

En el nacimiento de todo ser humano están presentes dos planes divinos muy importantes, entre otros, siendo el primero de alcance colectivo y el otro de alcance individual:

– perpetuación de la especie
– evolución de la persona reencarnada.

Al practicarse deliberadamente un aborto, sin que exista una necesidad imperiosa de salvar la vida de la madre, todos los partícipes o involucrados en este delito, directa o indirectamente, se hacen responsables del mismo.

Es difícil evaluar la parte de responsabilidad de cada persona.

El Espíritu André Luiz, en *"Evolución en dos mundos"*, psicografía del bendito médium Chico Xavier, asigna a la mujer un grado de responsabilidad mucho mayor, frente a los nobles compromisos de la maternidad.

Cualquiera que sea el grado de responsabilidad, lo cierto es que ni la futura madre, ni su pareja, ni los familiares intolerantes que niegan comprensión y apoyo, ni los agentes físicos del acto

---

[11] *"VEJA"*, 20 de noviembre de 1991, página 77.

abortivo, ni siquiera la sociedad, tal como considera su etapa evolutiva actual, ninguno de los segmentos antes mencionados quedará libre del juicio de su propia conciencia.

14.4 Luces Doctrinarias

La conciencia, cuando es dada por Dios a cada hombre, en el momento exacto en que recibe simultáneamente inteligencia y libre albedrío, trae en embrión todos los fundamentos de las leyes divinas, para la evolución espiritual del ser.

Por eso el Espiritismo dice que todos los agentes, participantes directos o indirectos en cualquier acto criminal, tarde o temprano, enfrentarán el remordimiento.

Benditas las luces doctrinarias espíritas, encendidas por Kardec, que abren los caminos futuros a tales culpables, ya que todos tendrán todas las oportunidades necesarias para reconstruir este mal hecho. Cualquiera que sea el error, incluido el aborto.

¡Una vez más, la bendición de las reencarnaciones demuestra ser incomparable!

Tantas como sean necesarias para la reunificación y armonía de todos involucrados.

En efecto, la Doctrina Espírita constituye un valioso índice de la vida, detallando hechos cotidianos y exponiendo sus consecuencias morales.

Respecto al aborto, la "Tercera Revelación" aclara y aconseja:

- todo el proceso de la reencarnación es pacientemente elaborado por elevados espíritus especialistas;
- con el aborto, los ajustes programados durante años y años se destruyen en horas;
- pensando en deshacerse de "un problema"; en efecto, la mujer carga con tantos sufrimientos futuros que solo los siglos podrán agotar, a través de sucesivas

reencarnaciones, casi siempre con desórdenes y frustraciones sexuales;
- en relación con el que debería nacer, brutalmente afectado por el horrible trauma del aborto, el odio generalmente resuena, elevado a poder diabólico: de víctima, se convierte en verdugo despiadado; de casi un hijo, se convierte en un cruel vengador;
- la aparente "víctima" en realidad sufre más que nadie, pero es imperativo proteger nuestra inteligencia y nuestra fe en la justicia divina, para que podamos entender que hay un deudor que redime deudas de vidas pasadas;
- lo poco que sabemos de Dios nos da una inamovible certeza que Él ampara a Sus hijos desde la creación, y más aun, cuando se encuentra en estado de necesidad; así, creemos firmemente que en la espiritualidad habrá instituciones de rescate, en las que equipos especializados asistan a las víctimas de estos desastres, fríamente programados y ejecutados, dicha asistencia siempre estará directamente relacionada con el mérito, pero siempre existirá;

El Espíritu Luiz Sérgio, en el libro *"El Vuelo más Alto"*,[12] relata la existencia, en la espiritualidad protectora, de una maternidad destinada a sostener la espíritus de mujeres embarazadas y sus respectivos fetos, que han fallecido abruptamente – debido a desastres, crímenes, etc.
- en el instituto de la familia, donde muchos beben copas de bilis, está la redención de quien se refugia en la resignación, en la aceptación de las pruebas, en la tolerancia y sobre todo en el perdón; el aborto, en este caso, parece ser un impedimento para este presente, por el escape de compromisos adquiridos tiempo atrás, convirtiéndose así en una poderosa complicación para el futuro;

---

[12] Psicografía de Irene P. Machado, 1ra. Ed., 1983, páginas 117/118.

- de hecho, es difícil de aceptar, pero el análisis es ineludible: bajo las cuatro paredes del hogar, la Corrección Divina se ubican, casi siempre, espíritus sumamente entrelazados por pasiones desenfrenadas, provenientes de otras vidas;
- tales espíritus, con la bendición del olvido temporal del pasado, acogidos con el amor santificado de sus padres y aun condicionados por los imperativos de la conducta social, reprimen estos fuertes sentimientos, dando lugar, en los primeros años, a los así llamados complejos psicológicos – "Edipo" o "Electra";
- a medida que crecen, pasando de la niñez a la pubertad, de luego a la adolescencia y luego a la juventud, estos conflictos naturalmente se vuelven menos intensos hasta desaparecer, a medida que la criatura interactúa con muchos otros espíritus fuera del circuito doméstico;
- en esta relación con otras personas, casi siempre se encontrará con la pareja con la que – en el mundo espiritual, antes de nacer –, se acordó una unión familiar; en este nuevo proyecto de vida hablará fuerte el amor, bajo cuyos auspicios se formará un nuevo hogar;
- las viejas pasiones, originadas en el trasfondo de esta vida, sostenidas por la bendición divina de una nueva familia, tenderán a extinguirse, por el vaciamiento de su catalizador energético, demostrando, una vez más, aunque innecesario, que el tiempo es el mejor de todos los remedios: ¡para todos los males!

Mientras la Humanidad realice un solo aborto no habrá paz en la Tierra.

Una escena de aborto aterradora, incomparablemente esclarecedora, se describe en el libro *"En el Mundo Mayor"*, de espíritu André Luiz, psicografía de F. C. Xavier, F.E.B., 1947, capítulo "pérdida dolorosa." Sorprende el escenario del "otro lado", el lado espiritual de la vida, en el que el espíritu ya iluminado de una madre angustiada, sostenido por otro espíritu, el mentor Calderaro, bajo las miradas y vibraciones benéficas de apoyo del autor espiritual, intentan disuadir telepáticamente a su hija de la idea criminal de un aborto inminente.

Los diálogos mentales son conmovedores.

De un lado, tres espíritus bien intencionados, ya desencarnados, transmitiendo consejos, consideraciones, advertencias, súplicas...

Por el otro, la madre encarnada, insensible, con la repulsión y el rechazo de su hijo.

Éste, rechazado, absolutamente indefenso, pide una oportunidad. Lector amigo: en nuestra opinión, la literatura mundial rara vez habrá descrito un evento más dramático y angustioso.

Cualquiera que sea su creencia o su nivel intelectual, pruebe la Doctrina de los Espíritus leyendo el libro anterior u otros, según sus preferencias literarias.

Si las dificultades del mundo te obligaron a construir muros defensivos a tu alrededor, mientras lees la obra sugerida, o si otros, si aceptas nuestra invitación, implosionan estos muros terrenales y libera tu espíritu para nuevas verdades.

O, al menos, nuevas hipótesis de razonamiento. ¡Inténtalo!

Diario de un niño que no nació

En Austria está despertando gran interés un libro con un título significativo: *"Diario del feto"*, de M. Schwab. Algunos fragmentos dan una idea del dramatismo de la obra.

- 15 de octubre – Hoy comenzó mi vida. Mamá y papá no lo saben. Soy más pequeño que la cabeza de un alfiler, pero soy un ser independiente. Todas mis características físicas y psíquicas ya determinadas. Por ejemplo, tendré los ojos de papá, el cabello castaño ondulado de mamá. Y eso también es cierto: soy una niña.
- 19 de octubre – Hoy comienza la apertura de mi boca. Dentro de un año podré sonreír cuando mis padres se inclinen sobre mi cuna. Mi palabra será: mamá. P.D. Sería

realmente ridículo decir que no soy un ser humano en esencia, sino solo una parte de mi madre.
- 25 de octubre: mi corazón empezó a latir. Continuará su función sin detenerse jamás, sin descansar hasta el final de su vida. De hecho, ¡este es un gran milagro!
- 2 de noviembre: Mis brazos y manos empiezan a crecer. Y seguirán creciendo hasta ser perfectos y fuertes para la obra; esto requerirá algún tiempo, incluso después de mi nacimiento.
- 12 de noviembre – Ahora se me están saliendo las uñas de los dedos. Con mis manos dominaré el mundo y compartiré los trabajos de los hombres.
- 20 de noviembre – Hoy, por primera vez, mi madre se dio cuenta en su corazón que me lleva en su vientre. ¡Quién conoce tu gran alegría!
- 28 de noviembre: Todos mis órganos están completamente formados. Soy demasiado grande.
- 12 de diciembre: Me crecen el pelo y las cejas. ¡Oh! ¡Qué feliz será mi madre con su pequeña hija!
- 13 de diciembre – Pronto podré ver más. Pero mis ojos todavía están cosidos por un hilo. Luz, color, flores... ¡qué magnífico debe ser! Sobre todo, el pensamiento de ver a mi madre me llena de alegría... ¡Oh! ¡Si tan solo no tuviera que esperar tanto! Otros seis meses...
- 24 de diciembre – Mi corazón está listo. Debe haber niños que nacen con corazones defectuosos. En este caso, es necesario someterse a delicadas intervenciones quirúrgicas para corregir los defectos. Gracias a Dios mi corazón no tiene ninguna anormalidad y seré una niña llena de vida y fuerza. Todos estarán felices con mi nacimiento.
- 28 de diciembre – ¡¡¡Hoy mi madre me asesinó!!!

15 DIVORCIO

En la continuidad del matrimonio pueden darse dos hipótesis: unión permanente o separación. El primer caso, la unión, se produce cuando:

- los cónyuges se aman, se respetan, son similares;
- los cónyuges no se aman, pero se acomodan, por diversos motivos: sociales, familiares, religiosos, intereses diferentes, etc.

En el segundo caso, la separación puede ocurrir debido a:

- incapacidad de compromiso - intolerancia -, por parte de uno o ambos cónyuges, debido a la incompatibilidad de genios;
- desencanto - amoroso, emocional, sexual -, de uno o de ambos, ya sea por egoísmo o para escapar de responsabilidades.
- "estado de necesidad", en presencia o amenaza de violencia y para evitar mayores daños o incluso tragedias.

Esto es lo que nos dice el Espiritismo sobre la separación matrimonial: Primeramente, en *"El Evangelio según el Espiritismo"*, punto 5, Capítulo XXII:

- "El divorcio es una ley humana que tiene como objetivo separar jurídicamente lo que, de hecho, ya está divorciado. No es contrario a la ley de Dios, ya que solo reforma lo que los hombres han hecho y solo es aplicable en los casos en que no es ley divina, fue tomado en cuenta."

En segundo lugar aparece la Reencarnación, con su potente foco dirigido a la razón:

- ningún matrimonio es fruto del azar: el hombre y la mujer casados, ante cualquier tipo de crisis conyugal, deben recurrir a la indulgencia y la aceptación recíproca;
- ningún cónyuge ignora que hoy, en el matrimonio, encuentra a su pareja en el mismo lugar donde lo dejó ayer;
- el compromiso conyugal, aunque recíproco, busca, ante todo, reajustar a las partes: si están presentes la enfermedad, las exigencias implacables y las exigencias absurdas o, lo peor de todo, la infidelidad, solo un viaje retrospectivo a vidas pasadas animará a la "víctima de hoy";
- en cuanto a los hijos, adoptados o naturales, ingratos o difíciles, solo la comprensión de vidas anteriores aclarará su proceder; esto armonizará el ambiente doméstico, pacificará el espíritu de los padres y aliviará las heridas de sus corazones;
- los hijos, como estos se encuentran en la familia en un proceso de amplia participación, son acreedores de afecto, consideración, cariño y amor, pues nunca se encuentran en un domicilio cambiado;
- los hijos nunca pueden ser una justificación para separar la pareja; por el contrario, constituyen la principal preocupación que deben tener los candidatos al divorcio, ya que su compromiso con ellos puede ser mayor que con su pareja;
- finalmente, nunca está de más tener en cuenta que la cruz que fue dejada en medio del camino, necesariamente, por justicia, tendrá que ser reconstruida, tarde o temprano, por quien la dejó allí, en otras palabras, distanciando a la familia hoy de su vida, antes de terminar su compromiso con ella, solo transfiere el problema para mañana, en otra vida, tal vez en la próxima...

Hablando de justicia: ¡Dios nunca pone una cruz en el hombro equivocado! El que sufre, rescata...

El que cobra, considerándose acreedor, se venga, lo que le volverá a gravar...

El que causa sufrimiento planta espinas por las que tendrá que caminar descalzo.

Por todo ello, aceptar a la pareja tal como es, y no como uno quiere que sea, es la llave que desbloqueará la ayuda celestial para traer paz al hogar y, sobre todo, replantar el amor. En este punto, es importante conceptualizar la conformidad, la aceptación, la tolerancia, etc.

Conformismo:

Es refugio en la comodidad del alojamiento, en una actitud pasiva, carente de comprensión pero llena de intereses, de miedos.

Aceptación:

Aceptar a la pareja tal como es significa comprender que cada criatura tiene un nivel evolutivo espiritual; la pareja difícil de hoy probablemente fue el objeto de nuestra pasión ayer; aceptar hoy el surgimiento de cambios en la convivencia, a veces ya después de la luna de miel, es una postura racional, cuando ésta apunta a la paz, el equilibrio y la armonía en el hogar; aceptar, en este enfoque, no significa estar de acuerdo, sino ser plenamente consciente de la ley de causa y efecto.

Tolerancia:

Además de pacificar la comprensión, es una demostración de superioridad espiritual, como lo es el perdón de posibles ofensas, la comprensión de posibles fracasos y el suplir las carencias naturales.

16 PROBLEMAS SEXUALES DE LA REENCARNACIÓN

16.1 Introducción

El organismo humano demuestra, a través de su equilibrio – salud –, o de su desequilibrio – enfermedades, carencias, anomalías, etc. –, la historia completa del espíritu que lo utiliza.

Dentro de los parámetros de la reencarnación, todas las disfunciones, particularmente las sexuales, físicas o psíquicas, encontrarán una verdadera "radiografía" que las explicará abundantemente.

De un análisis sincero de nuestras tendencias resultará una descripción segura de lo que fuimos, lo que hicimos y cuán alejados estamos de las leyes naturales.

Mirando introspectivamente nuestro contexto sexual, encontraremos gran parte de nuestro pasado, en una visión mental fiel y esclarecedora, a modo de faro, indicando los peligros, además de señalar el camino seguro.

¡Estamos hablando del Evangelio!

Dios, Arquitecto Supremo del Universo, no creó a Sus hijos para el dolor, sino para la evolución, en la ruta del amor.

Desafortunadamente; sin embargo, se producen desvíos de la ruta. Seamos honestos: somos falibles.

Pero no es irrecuperable.

El Espiritismo nos dice, cuando navegamos hacia el progreso espiritual:

- Dios es el mar
- Jesús, el faro

- El Evangelio, la brújula
- Nuestro cuerpo, el recipiente.
- Nuestro Espíritu, el capitán.
- La tripulación: nuestra familia, amigos, enemigos, vecinos, compañeros, compañeros.
- Cada viaje y cada puerto: ¡una vida!
- El ancla: detenerse a reflexionar, rehacer, repostar, aprender... y renacer.

Lector amigo:

¡Levanta anclas, porque "es necesario navegar"!

16.2 Problemas congénitos

Hermafroditismo

Formación de nombres de dioses griegos: Hermes, hijo de Zeus, y Afrodita, diosa del amor, en referencia a "Hermafrodito", su hijo.

Es una anomalía congénita excepcionalmente rara.

Solo se dan dos casos concretos de intersexualidad:

- cuando los órganos genitales externos son de definición incierta y la cavidad abdominal coexiste con glándulas sexuales propias de ambos sexos – testículos y ovarios;
- cuando hay oposición entre las glándulas sexuales y los órganos sexuales externos;
- en cuanto a la apariencia externa, el hermafrodita puede tener apariencia femenina o masculina.

El pseudohermafroditismo es el caso en el que existen testículos u ovarios en el individuo; sin embargo, los caracteres secundarios se invierten:

- "ginecomastia"= desarrollo excesivo de las mamas, en hombre
- "hirsutismo" = desarrollo excesivo de vello, en ella.

Asexualismo
Científicamente se considera una falta de interés por el acto sexual.

No puede ni debe confundirse con:

- control sexual equilibrado, propio de los espíritus evolucionados, misioneros;
- celibato y castidad = aspectos sexuales de la abstinencia forzada.

En el asexualismo, la falta de interés sexual se debe casi siempre a secuelas psíquicas, de las que no hablaremos aquí.

A menudo, un individuo que ha abusado del sexo en vidas pasadas pasa por uno o más viajes de reencarnación reprimiendo el impulso sexual, buscando así una compensación.

Resulta que esta contención genera angustia, a menudo conflictos de insociabilidad: el individuo pasa a ser visto como "impasible", "frío", "gélido", etc.

Este comportamiento, de profundas raíces en el periespíritu, podría desembocar en una situación futura de asexualismo.

Pero esto será temporal, episódico: en el camino, entre deseos, ansiedades, sueños y experiencias, la vida siempre devuelve las cosas y el equilibrio al lugar que les corresponde.

16.3 Problemas Patológicos

En mujeres:

- amenorrea = ausencia de menstruación;
- distopías del útero = escape de la situación normal, provocando numerosos trastornos, generalmente dolorosos;
- inflamaciones genitales = tumores benignos o malignos, internos o externamente, provocando dolor, picazón;
- aborto = dolor abdominal en forma de cólico, con eliminación del embrión, interrumpiendo el embarazo, antes de las 22 semanas de su desarrollo;

- esterilidad = incapacidad para procrear, derivada de:
1. dispaurenia – del griego, en traducción libre: "mala unión" –, es cuando el acto sexual causa dolor;
2. falta de ovulación = anomalías endocrinas por parte de la hipófisis, la tiroides, las glándulas suprarrenales o los propios ovarios;
3. tumores de ovario = secretan hormonas en grandes cantidades, impidiendo la ovulación;
4. ausencia total de ovarios – ocurrencia rara;
5. anomalías uterinas = incluso en presencia de ovulación normal, existen desequilibrios hormonales; secuelas de legrados mal realizados – normalmente, abortos criminales –, "apósitos anticonceptivos", etc.

En el hombre:

- varicocele – "bolsa de varices" = es la dilatación varicosa de un grupo de venas, ubicadas en el cordón espermático;
- gonorrea – blenorragia = enfermedad venérea contagiosa, adquirida a través de relaciones sexuales, generalmente junto a prostitutas; en las mujeres, si se contrae durante el embarazo, puede provocar ceguera al niño en el momento del nacimiento;
- sífilis = enfermedad venérea generalmente transmitida durante relaciones sexuales promiscuas; se manifiesta, en la fase primaria, por la aparición de cáncer allí donde los gérmenes han penetrado en el cuerpo, generalmente en los órganos sexuales; en la fase secundaria se vuelve extremadamente contagiosa – de 7 a 10 semanas después de contraer la enfermedad –, pudiendo verse afectado el sistema nervioso central y los ojos; en la tercera fase, a veces varios años después de contraerse, la enfermedad puede afectar progresivamente al corazón y al cerebro, provocando parálisis general y ceguera; si se transmite al niño durante el embarazo, el niño puede nacer muerto, ciego, sordo o con otra discapacidad.

Al igual que el SIDA hoy en día, la sífilis, hace unas décadas, era una enfermedad genética difícil de curar. En la década de 1940, con la aparición de la penicilina, ésta retrocedió y se hizo retrajo, por completo, al pasar de la fase inicial. En los años 70 se produjo un auge, en medio de la llamada "revolución sexual", que proponía una mayor libertad sexual para todos los grupos de edad, lo que, lamentablemente, fue aceptado por una parte de la población mundial.

En cuanto al SIDA, tal vez podamos contar con su cura pronto, ya que es históricamente cierto que la Humanidad, al liberarse de la enfermedad, luego "consigue" otra.

- fibrosis = rigidez que afecta los tejidos, pudiendo formar edema – hinchazones – o incluso callos; al instalarse en el dispositivo genésico, pueden surgir anomalías como:
  1. atrofia de los tubos seminíferos de los testículos, debido a degeneración glandular;
  2. "Enfermedad de Peyronée" = generalmente resultante de algún traumatismo o accidente – golpe repentino –, que provoca el endurecimiento de los cuerpos cavernosos del órgano masculino; provoca arqueamiento hacia arriba o hacia abajo, más angulación hacia la izquierda o hacia la derecha de la línea central de este órgano, imposibilitando las relaciones sexuales, debido a la dispaurenia;
  3. priapismo = estado patológico de erección constante, a menudo dolorosa; al ser involuntaria, esta acción causa sufrimiento, requiriendo a veces cirugía para desbloquear los canales sanguíneos bloqueados o para drenar la sangre acumulada;
  4. esterilidad = incapacidad para tener hijos; hasta principios del siglo XX, se consideraba que las mujeres eran las únicas culpables de la falta de hijos de una pareja. Actualmente se sabe que, estadísticamente, en las parejas estériles el hombre es responsable en alrededor del 3–5% de los casos, la

mujer en el 45% y en otros casos ambos cónyuges son responsables.

Agentes causales:

a. intoxicación por alcohol, morfina, plomo, arsénico, otras sustancias tóxicas;
b. sífilis.

La esterilidad masculina presenta las siguientes condiciones:

a. oligospermia – del griego: oligos = poco –, se produce cuando hay menos de 60 millones de espermatozoides por cada cm3 de espermatozoide – lo normal es 150 millones/cm3;
b. asthenospermia – del griego: asthenos = debilidad –, se produce cuando, dos horas después de la emisión, menos del 20% de los espermatozoides tienen buena motilidad – propiedad de locomoción;
c. azoospermia – del griego: a = negación y zoon = animal –, se produce cuando hay ausencia de espermatozoides en el esperma.

16.4 Problemas psíquicos

Frigidez - en el comportamiento femenino = también llamada "anorgasmia", que es la incapacidad física para alcanzar el éxtasis sexual.

Es una disfunción sexual femenina frecuente, en la que existe falta de orgasmo, por desconocimiento u otras causas: bloqueos, frustraciones, ansiedades, experiencias infelices, rechazo, etc. o normalmente provoca malestar en la relación sexual: el marido se desinteresa de su mujer y casi siempre, aunque la ama, busca otra pareja.

Aunque aparentemente inocentes, ambos sufren. La convivencia se vuelve onerosa, casi insoportable. A menudo, en estos casos se produce la separación matrimonial.

Una de las causas presuntas, desde el punto de vista kármico - Ley de Causa y Efecto -, sugiere un comportamiento sexual infeliz en la(s) vida(s) pasada(s): disolución, desorden, irresponsabilidad. Así, existe la posibilidad que en algunas de las mujeres frígidas de hoy, estos componentes psíquicos sean los que, casi siempre, en el pasado, resultaron en un aborto criminal. Cuando llega el arrepentimiento, aun en esa existencia, o después, ya desencarnado, surgen votos de autocastigo: la abstinencia sexual. Entonces, los deseos así reprimidos, energéticamente, conducen al deseo, al equilibrio de la libido, resultando, en la(s) vida(s) futura(s), probablemente, entre otras anormalidades, en la frigidez.

Por otro lado, quizás tampoco esté de más suponer que la pareja actual de una mujer con esta disfunción es la misma pareja del pasado...

- impotencia - en el comportamiento masculino)= por causas físicas y psicológicas, es la incapacidad de realizar el acto sexual.

Esta disfunción representa la gran mayoría de los problemas sexuales masculinos.

Y una causa profunda de depresión.

Su origen, como ocurre con la frigidez, debe buscarse en el pasado, cuando la virilidad, en lugar de un medio, se convirtió en un fin.

- erotismo exacerbado = deseo sexual excesivo, en hombres o mujeres.

Esta anomalía es rara. Patológicamente se llama:
    a. satiriasis = en el hombre
    b. ninfomanía= en mujeres.

Como se puede observar, esta disfunción es lo opuesto a la frigidez y la impotencia.

Es una compulsión, como el hambre.

Generalmente surge de la inseguridad, constituyendo un medio para liberar la ansiedad.

La satiriasis es la búsqueda insaciable de sexo, y es fácil imaginar lo dolorosa que es esta situación, generando situaciones delicadas y peligrosas.

Aunque habitualmente se viven situaciones similares, este término no se aplica a personas promiscuas y con un alto nivel sexual. El satirismo es un desequilibrio espiritual, probablemente debido a una abstinencia sexual prolongada y forzada en vidas pasadas.

Tales espíritus, trayendo en medio de ellos toda la energía sexual que la Naturaleza dispensa a los seres humanos, y que permanentemente los acompaña, sucumben en la edad adulta al llamado y los gritos de la sexualidad.

El sexo reprimido, al contener a la criatura vigilante, libera su potencial, como una presa que rompe las compuertas, dejando estómagos tras las aguas repentinamente liberadas.

Esta vigilancia la manifiestan hábilmente los espíritus obsesivos, que comprimen sectores específicos del aparato genético de alguien, haciéndolo desear a otra persona. Generalmente, hay poderosas misiones de clichés mentales, donde el obsesionado se encuentra harto de la sexualidad, además de ser objeto de un trío irresistible de atracción. Si se sigue la intención, hay una transferencia inmediata del objetivo, pero el proceso de inducción permanece.

Esto solo ocurre debido a la armonía –obsesor/obsesionado–, en la que ambos tienen los mismos pensamientos, los mismos proyectos, los mismos deseos.

Reencarnación superpuesta a reencarnación, el ser encontrará el punto de equilibrio sexual, comenzando a vivir en paz, evolucionando siempre.

Conviene mantener alejado el triste panorama del satirismo, los casos en los que las criaturas sienten una atracción irresistible entre sí, además de la presencia de sentimientos de unión, participación y amor.

En estos casos, si uno, o ambos, están casados, existe la posibilidad que se trate de un reencuentro de amantes de vidas anteriores, a veces en un calvario, en el que la moral debe hablar fuerte, deshaciendo este panel.

Sin embargo, si ni las costumbres, ni la moral, ni la conciencia impiden esa unión - ambos son libres -, que se realice en la santidad del matrimonio.

16.5 Dolor/Alerta

Ninguna persona tiene derecho a juzgar a los demás.

Todos cometemos errores, ayer u hoy, todos desviamos nuestra vida del curso de acción correcto, aquí o allá, todos cometemos errores de juicio y de acción.

Así es nuestro viaje.

El dolor, lejos de ser castigo, constituye un instrumento educativo y generoso, ya que en su presencia cesan los prejuicios y la iniquidad no progresa. Dios, bondad suprema, no castiga ni recompensa a nadie.

Nuestra conciencia, desde el principio perfumada por el soplo divino, es juez infalible de nuestro comportamiento, desde nuestra creación, cuando recibimos el incomparable don del libre albedrío. En los innumerables planos de la vida en la Naturaleza, en la incalculable profusión de mundos y sistemas estelares, viven nuestros hermanos, en diferentes grados de evolución.

Los más avanzados nunca dejan de tomarse de la mano.

Su augusta presencia en el planeta Tierra, en misión de consejo y orientación, informando sobre las cosas de los mundos felices - nuestro destino -, tiene un historial indiscutible en todas las épocas.

Cada pueblo, cada sociedad, cada época, tuvo su mensajero divino.

¡Pontificando en Jesús, el Ungido, encontraremos la universalidad del bien, máximo exponente de la verdad, el camino y la vida!

Difícilmente la Humanidad podrá juzgar, en su totalidad, el contenido de la misión de nuestro gobernador planetario, el amigo Jesús.

Su mensaje, y lo más importante, Sus ejemplos, superan los siglos, abarcan los milenios, ahora en los albores del tercero, y todavía estamos aprendiendo.

Sus palabras, pronunciadas sobre las rocas o junto al mar, hace casi dos mil años, resuenan en nuestras almas:

"Bienaventurados los que lloran, porque serán consolados" [13]

"No os hagáis tesoros en la tierra, donde la polilla y el orín corrompen y donde ladrones minan y hurtan; allí está vuestro tesoro, allí estará también vuestro corazón." [14]

"No juzgar para no ser juzgado." [15]

"¿De qué le sirve al hombre ganar el mundo entero y perder su alma?" [16]

Con Jesús aprendemos las cosas de Dios y del cielo, desde nuestro cielo interior.

Con Kardec, Codificador de la Doctrina Espírita, aprendemos a escuchar mejor al Maestro, para seguirlo mejor.

Entendemos que nuestros dolores, nuestros conflictos, constituyen una alerta beneficiosa, para corregir nuestro rumbo.

Aprendimos que nadie sufre por lo que no debería.

---

[13] Mateo, 5:4.

[14] Mateo, 6:19-21.

[15] Mateo, 7.1.

[16] Marcos, 8:36.

Pero, sobre todo, sentimos que el Padre no abandona a ninguno de sus hijos, especialmente en los momentos de dificultad.

La oración de un alma afligida llega siempre a los planos superiores de la vida, cualquiera que sea su origen en cualquier cuadrante del Universo, en un tiempo mucho más corto que el segundo.

Es indiscutiblemente escuchado e invariablemente atendido. Esta es una certeza universal y eterna, porque quien la proclamó fue Él – ¡Jesús!

17 TRASTORNOS SEXUALES

17.1 Tabúes

Durante siglos prevalecieron las creencias religiosas sobre el sexo:

- la heterosexualidad estable haría al individuo más capaz de amar a los demás como a sí mismo;
- la abstinencia sería sinónimo de moralidad superior;
- el celibato sería lo mismo que virtud, etc.

Aunque la propia Iglesia se ha vuelto gradualmente más liberal, todavía hoy hay cristianos que piensan de esta manera. Estés o no en desacuerdo con estas ideas, es ineludible que las sociedades de los pueblos cristianos estaban fuertemente influenciadas por ellas. Los padres, generación tras generación, han criado a sus hijos bajo la falsa premisa que "el sexo es pecado."

Liberarse de esta "culpa social", que se convirtió en "culpa sexual", no era, ni sigue siendo, cuando está presente, nada fácil.

Por eso, para superar los tabúes sexuales, el hombre formuló fantasías sexuales, modificando esencialmente lo que la Naturaleza, generosamente, creó para realizarse con sencillez, pureza y placer: ¡la relación sexual!

Por nuestra parte, consideramos normales las relaciones sexuales heterosexuales, de acuerdo con las leyes divinas. El sexo así santificado proporciona armonía y paz espiritual, sin causar ningún daño al cuerpo y al espíritu, al contrario: las vibraciones energéticas intercambiadas entre la pareja actúan como un poderoso fortificante físico-espiritual.

Existe una amplia variedad de interpretaciones de lo que es normal y lo anormal, en el sexo.

La cuestión, en el fondo, es cultural.

Ante la imposibilidad de definir con absoluta certeza uno u otro entendimiento, solo nos permitimos enunciar a continuación, como trastornos - o desviaciones -, sexuales, todos los actos que violen las buenas costumbres.

Antes de mencionar los trastornos sexuales más conocidos, es necesario considerar que se pueden practicar en dos situaciones diferentes:
- con el consentimiento de los agentes, o
- con vergüenza por parte de una de las partes.

Primer caso: consideremos la relación sexual realizada con o sin amor o responsabilidad, por contraria que sea a la fisiología humana.

Aquí hablan alto los defensores de la privacidad y del derecho a elegir. Consideran que, si es voluntad libre y espontánea de las parejas - ya sean homosexuales o heterosexuales -, nadie tiene nada que ver, nadie sale perjudicado, la sociedad no se angustia, e incluso bromean: "lo que hay en el gusto es un regalo a la vida."

Tal disposición es falsa: los dispositivos sexuales divinos, mediante los cuales el hombre y la mujer deben unirse, para la reproducción y para la constitución de una familia, son impulsos humanos naturales; cualquier acto sexual contrario a estos impulsos hace que el sexo sea inicuo. Y trabajar en la iniquidad conlleva desobediencia a las leyes naturales; es decir, hay culpa y, en consecuencia, deudas.

El argumento del anonimato y la preservación de los derechos sociales de ninguna manera impide o exime el testimonio de la conciencia: tarde o temprano, los agentes sexuales distorsionados o distorsionadores comprenderán su error. Luego, sostenidos por las bendiciones de su reencarnación, regresarán en condiciones de compensación, lamentablemente dolorosas.

Segundo caso: la vergüenza o incluso el fraude por una relación o posesión sexual envía al agente al Código Penal, como delincuentes.

También en este caso los infractores tendrán que responder a la conciencia y, en justicia, tendrán que cosechar lo que siembran, según los servidores de Pablo, el converso damasceno.

En cuanto a los trastornos sexuales, en los que las actividades se desarrollan solas y en secreto, tales actos también demuestran alteraciones psicológicas.

¡Quienes los practican no son felices!

Se refugian en estas prácticas, en la imposibilidad de una acción sexual normal, equilibrada y responsable.

Hechas las consideraciones anteriores, veamos:

17.2 Sadomasoquismo

Palabra compuesta: en sadismo: del Marqués de Sade, 1740/1814 – excitación erótica resultante de infligir dolor + masoquismo: del caballero Leopold vom Sacher-Masoch, escritor austriaco, 1835/1895 – placer sexual resultante de sufrir dolor.

Ambos escritores fértiles, pervertidos y pervertidores, habiendo hecho escuela, propagaron lo que había en sus almas: impulsos antinaturales.

En cualquier actividad humana, especialmente en el sexo, si el dolor es el principal componente o catalizador del placer, para el agente o para la pareja, el respeto está ausente.

Sí, el respeto a las leyes naturales que regulan el cuidado del propio cuerpo, ya que el dolor fue colocado en el panorama terrestre como factor de rescate y como recurso educativo natural último.

Los sadomasoquistas de hoy probablemente imprimen en su periespíritu, para la(s) próxima(s) reencarnación(es), programas vinculados a la neuritis aguda, en los que ningún analgésico tendrá efecto alguno... Aprenderán, de forma correctiva, cómo duele el dolor.

Naturalmente, no consideramos sadomasoquistas del pasado a todas las criaturas encarnadas con dicha patología. Tampoco afirmamos que todos los sadomasoquistas tendrán neuritis a lo largo de sus vidas futuras. Lo que observamos es que "la enfermedad tendrá que ser satisfecha por la enfermedad misma."

De hecho, utilizaremos la misma postura conceptual anterior para todos los problemas sexuales y sus probables consecuencias.

17.3 Fetichismo

Fetiche - del latín: *factitius* = cosa hecha -, palabra originalmente utilizada para objetos inanimados que eran adorados por los pueblos primitivos.

El fetiche sexual, modernamente, define la magia contenida en una parte del ser amado o deseado; en un objeto personal de ese ser; o, incluso, en un objeto relacionado con él. Ej: una joya, un guante, un zapato, cabello, pies, manos, etc.

Son raros los casos en los que la deformación física de una persona se convierte en foco de atracción para otra.

La gran mayoría de los fetichistas pertenecen a la población masculina; en general, son personas fácilmente condicionadas.

Pero también en esto algunas mujeres buscan ser iguales a los hombres: los centenarios espectáculos de "*striptease*", en los que, más que nunca, siempre ha prevalecido el fetiche, para un público exclusivamente masculino que se deja excitar por bailarinas voluptuosas, ya ahora la señal está empezando a cambiar, con hombres desnudándose... para damas y caballeros muy emocionados.

Asistir a este tipo de espectáculos es definitivamente falta de algo mejor que hacer.

Si para un público masculino esto es un fetiche, para este tipo de mujeres es una falta de otra ocupación, ya que el erotismo femenino, *"a priori"*, no surge de visiones, sino de deseos, sentimientos, implicaciones emocionales...

Freud consideró que el fetichismo se adquiere en la infancia, cuando un niño – varón –, puede haber sido eventualmente excitado por la sensación del vestido de seda de su madre, o el olor a goma de sus juguetes, etc.

En este caso, el fetiche siempre funcionó como tranquilizante.

Probablemente, el fetichista de hoy es la criatura que ayer - en otra vida -, abusó de su virilidad, exhibiéndose públicamente e incluso humillando a las personas en su relación, por su bien. considerado inferior.

En esta reencarnación viene inseguro, carente de alternativas para poder desempeñarse sexualmente, no quiere sufrir humillaciones íntimas.

17.4 Travestismo

El travesti, tiene un mayor impulso que el fetichista, obteniendo excitación y satisfacción sexual al usar ropa que representa al sexo opuesto.

Como en el fetichismo, en esta anormalidad predominan los hombres; en este caso, generalmente están presentes en el travestismo:

- masturbación;
- la inseguridad de la masculinidad;
- inclinaciones sadomasoquistas - incomodidad con la ropa de mujer.

Además de las características anteriores, se crean fantasías sobre una hipotética mujer sumamente seductora, que "se convierte" en su amante.

De hecho, lo que existe es la identificación del travesti como mujer: la mujer de fantasía, en el fondo, es él mismo.

Psicológicamente, esto se debe a un intento de compensar las relaciones sexuales normales no realizadas con una mujer.

Las celebraciones de carnaval, para los tan inhibidos, son una buena oportunidad para el libre ejercicio de semejante aberración, inocente en sí misma.

Las lentes centradas en el pasado demuestran que los travestis - hombres o mujeres -, traen fuertes impresiones espirituales de vidas en cuerpos con otro sexo.

Demuestro que la actual transición de sexos ha carecido de suficiente equilibrio, probablemente debido a experiencias sexuales rebeldes.

El uso actual de las fuerzas mentales en este imaginario galán, o *femme fatale*, revela que el guion anterior necesita reparaciones.

Las ansiedades íntimas de tales personajes ciertamente serán capaces de devolverles la normalidad sexual.

Buscando el consuelo nunca negado de la oración, encontrarán la fuerza para adaptar tendencias, pensamientos y acciones a la organización física actual.

17.5 Narcisismo

La palabra anterior proviene de Narciso, un joven que, según la mitología griega, se enamoró de su propia imagen al verse reflejado en un lago. Cuando intentó abrazarse, cayó a este lago y se ahogó.

Este trastorno puede pasar por una fase en la vida del niño, ante la imagen en el espejo. Si permanece, incluso en la edad adulta, demuestra inseguridad e incapacidad para amar a alguien. A menudo, los narcisistas prefieren la masturbación a la actividad sexual normal.

Este "escape" hacia uno mismo parece revelar que en vidas anteriores, estas personas habrían abusado de su juventud, de su salud, de su bella apariencia, por lo que se volvieron exageradamente exigentes con sus parejas de entonces, renaciendo ahora sin el brillo aparente de entonces, su comportamiento tiende a ser inseguro, al ser incapaz de salir del refugio íntimo, que son los recuerdos inconscientes del pasado.

Sería prudente que recordaran a san Francisco: "Amando se es amado...."

17.6 Sodomía

Del nombre Sodoma = ciudad antigua de Palestina -, es la perversión del coito anal.

Es tan contraria a los principios fisiológicos, que solamente la total ignorancia de la anatomía y el gran descontrol de la libido pueden explicar, sin jamás justificar, tal práctica. Las mucosas anales son por excelencia absorbedoras, tanto que la Medicina echa mano de esa condición cuando la vía intravenosa ya no es posible o está contraindicada.

Por tanto, no sería temerario afirmar que las energías psíquicas sexuales que viajan por esta zona, totalmente desequilibradas, infectan estas mucosas, generalmente dañadas, acidificándolas.

A partir de entonces, en la locura sexual, se crean larvas mentales portadoras de un vigoroso magnetismo animal, del que se alimentan de virus físicos, hasta entonces inertes o mantenidos bajo control por la templanza comportamental. Estos microbios tienen la increíble propiedad de transferirse a otros huéspedes, siempre que estén en la misma longitud de onda que aquel que los alberga.

El Padre, bondad inconmensurable, engendra medios para que sus hijos desordenados comprendan su error, para liberarse de él.

Esta práctica sexual no legitima a la pareja por mucho tiempo, ya que el instinto sexual es un atributo divino y la aberración es una creación humana:

- el primero es eterno, el segundo temporal;
- uno es normal, el otro es anormal;
- uno habla a la razón, el otro de locura;
- uno ennoblece, el otro insulta;
- uno completa, el otro resta paz.

17.7 "Complejo de Edipo"

Freud creó esta designación para describir lo que consideraba una fase en el desarrollo de todos los niños, caracterizada por un profundo amor por la madre y odio por el padre. Edipo, en la mitología griega, mató sin querer a su padre y se casó con su madre.

En cambio, en las niñas puede surgir el odio a la madre y el amor al padre: este sería el "Complejo de Electra."

En cualquier caso, cuando este favoritismo adquiere una forma neurótica, el psicoanálisis encuadra el hecho como una anormalidad.

Afortunadamente, lo que sucede es que con el crecimiento y la convivencia natural con otras personas del sexo opuesto, los jóvenes superan fácilmente estas tendencias.

A menudo se ha dicho en círculos espiritistas que Freud se equivocó al no incluir la reencarnación en sus fructíferos análisis del comportamiento humano.

En el "Complejo de Edipo", así como en el "Complejo de Electra", esta evidencia es elocuente.

¿Qué otra explicación se puede dar a un afecto morboso de una criatura por otra, afecto superior incluso a la repulsión natural hacia el incesto?

Hechos como este nos llevan a imaginar que en el pasado la relación entre estas criaturas era sumamente complicada.

Probablemente tuvieron sentimientos desenfrenados, egoístas e irresponsables el uno por el otro en varias vidas.

Tan grande era la reciente acumulación de deudas que solo en el sagrado instituto de la familia podían saldarse. Y más: tan grande es la fijación de uno de los involucrados - en este caso el hijo o la hija -, que su mente aun permanece bajo el control de tales sentimientos, de forma tan lamentable.

Si esta fijación proviene de la madre, el amor materno la sublima desde lejos.

Esto se debe a que las madres reciben de Dios la esencia del amor puro, que transfieren a sus hijos. Amor de entrega total, que no espera nada a cambio.

Si el padre siente tal atracción, el amor paternal y la integridad espiritual, combinados con la moral cristiana, erradicarán esos sentimientos desde el principio.

La ausencia de tal postura parece ser la única explicación posible a los dolorosos casos de padres que abusan sexualmente de sus hijos.

En cualquier caso, en presencia de tales impulsos, con la tranquila comprensión de las vidas pasadas, más la experiencia del Evangelio de Jesús, serán serenamente sublimados.

Al hacerlo, la atracción será reemplazada por el afecto, que es la antesala del Amor.

17.8 Complejo de Castración

Es un miedo básico, que surge de una presunta culpa.

El complejo de castración, en efecto, resume todos los temores del hombre respecto al acto sexual.

Hay padres que, ante cualquier pequeña infracción por parte de sus hijos, les amenazan con "cortárselo", provocando que tengan un miedo agudo. Porque el niño todavía no tiene suficiente malicia para comprender el engaño y, además, psicológicamente, el padre sigue siendo considerado un "héroe." En la mente del niño, en esta etapa, es inaceptable que haga promesas que nunca cumplirá. Este niño no está en esta casa por casualidad.

El padre, en segundo lugar, tiene la responsabilidad de criar a su hijo, proporcionándole apoyo, educación y dirección en la vida.

Pequeñas desviaciones en la educación, como la mencionada, pueden provocar daños psíquicos en el niño, por falta de fundamento evolutivo.

En este caso, el niño se enfrenta a una prueba.

El padre; sin embargo, cargará con una deuda, para su posterior amortización, absolutamente proporcional al actual desliz pedagógico con su hijo.

¡Es la verdad!

Siempre verdad: nadie sufrirá ni causará sufrimiento a otros si basa sus palabras y acciones en el incomparable poder de persuasión que solo la verdad proporciona.

Una educación sexual, impartida en casa, compatible con la edad y la comprensión de los niños, impedirá que estos aprendan en ambientes externos, de forma distorsionada, los fundamentos divinos de la sexualidad.

Los adultos, envueltos en miedos e inhibiciones sexuales, los disiparán naturalmente, haciendo una introspección sincera, donde la fe en Dios los lleve a comprender el "por qué" de sus problemas.

El Evangelio que se avecina, más un autoanálisis de las tendencias actuales - valores elegidos por las mamás y aspiraciones mentalizadas -, guiarán al individuo para reemplazar el "hombre viejo" por un "hombre nuevo", esforzándose sinceramente por corregir sus malas inclinaciones.

Una fórmula infalible para recibir la ayuda divina es la dedicación a obras caritativas en beneficio de los demás.

A partir de entonces, los problemas se van resolviendo paulatinamente, la angustia se disipa, la alegría de vivir crece.

El Espiritismo llama a este programa de autoreducación ¡reforma íntima!

18 INDECENCIA

18.1 Las desviaciones sexuales consideradas delitos

El Código Penal brasileño, en su Título VI – Delitos contra las Costumbres, enumera los delitos contra las costumbres en los artículos 213, 214 y 215.

El legislador aseguró que se establecieron aquellos hechos que atentan contra la libertad de todo individuo de disponer de su cuerpo en su vida sexual.

Desde el artículo 213, cuyo título es violación – abuso sexual violento de una mujer o un niño –, en otros delitos la mujer casi siempre aparece como víctima.

Se cita el hecho observado por los zoólogos que esa libertad no desaparece en las especies inferiores mismas. En ellos, el macho busca a la hembra solo cuando ésta está predispuesta; es decir, en celo.

El bien jurídico de la libertad sexual debe verdaderamente preservarse. Sin embargo, no menos necesario para la moral pública y la sociedad en su conjunto es el mantenimiento de las costumbres. Así, prevalece el respeto a estas costumbres e incluso exige que al disponer de su cuerpo, el individuo no las transgreda.

En otras palabras: la libertad sexual no puede confundirse en modo alguno con la impudicia; la primera es un bien jurídico, el segundo, un libertinaje y, por tanto, intolerable.

Se consideran perversiones sexuales "indecencia violenta", cuando uno de los implicados en el acto sexual - normal o anormal -, fue obligado a realizarlo, mediante amenaza, brutalidad o fraude, y el Tribunal fue informado de ello.

Actualmente, las denuncias femeninas de acoso sexual son muy populares estos días, este acoso, generalmente, de los jefes a sus secretarias. En Estados Unidos, este tipo de quejas han derribado a candidatos presidenciales y al Senado, complicando la vida profesional incluso de un juez del Tribunal Superior, un senador y un familiar de un ex presidente, así como de un campeón mundial de boxeo.

Este hecho indica que las mujeres están reafirmando sus derechos en particular en la "elección" de parejas sexuales...

Porque al hombre siempre se le ha reconocido el derecho a conquistar, y esto se ha cantado en verso y en prosa, siglos y siglos a considerar. El amor es tan sublime que en la verdad no hay conquistadores ni vencedores.

El resplandor espiritual que quema a dos criaturas que en este mundo, desde el primer encuentro, empiezan a amarse, no cede a comportamientos mezquinos.

Veamos a continuación algunos conceptos sobre delitos sexuales:

Exhibicionismo

Es el acto de exponer públicamente los genitales.

Es una aberración exclusivamente masculina.

El exhibicionista espera provocar una reacción emocional de horror, disgusto o excitación. Se trata esencialmente de una forma primitiva de ser reconocido como hombre: incapaz de suscitar el amor, el exhibicionista espera, como mínimo, causar un impacto en la mujer.

"Frotteurismo"

Del francés: *"frotter"* = frotar, raspar.

Es el acto masculino de frotar los genitales contra otra persona, generalmente en multitudes. Tales acciones, desagradables para la mayoría de las mujeres, no siempre son repelidas. A menudo ocurre en calles congestionadas o en ascensores y muestra cobardía e incapacidad para contener los malos impulsos. Y falta de respeto.

Es falta de amor.

Mixoscopia

Consiste en obtener gratificación sexual sin el involucramiento natural con las complejidades de una verdadera relación.

Es común en personas con la compulsión de ver a otras personas o animales realizando actividades sexuales. Quienes padecen mixoscopia generalmente se esconden en lugares donde pueden disfrutar de las citas en pareja. Siempre buscan oportunidades para, disimuladamente, disfrutar de las mujeres desnudándose. Desde sus apartamentos, generalmente bien situados estratégicamente, instalan potentes telescopios para espiar la vida ajena, preferentemente durante las actividades sexuales.

En todas estas situaciones se sienten estimulados sexualmente y lo disfrutan.

Como se ve, son criaturas que hacen de la "observación" la "concreción" de la actividad sexual. En ellos, la inmadurez emocional ciertamente representa una sustitución deliberada. Los propios espectáculos de striptease existen gracias a este público objetivo. Actualmente, la sociedad acepta espectáculos públicos de este tipo, siempre que se realicen en espacios cerrados, para espectadores adultos.

Bestialidad

Es otra forma de sodomía.

Consiste en el uso de animales como objetos sexuales.

Pedofilia

Es el acto de seducir a menores, generalmente mediante violación.

También puede consistir únicamente en un afecto, típicamente libidinoso, brindado a los niños.

Desviaciones sexuales, como las mencionadas anteriormente, donde la agresividad y la crueldad a menudo está presente, colocando a sus portadores en la lista de espíritus desequilibrados.

Según la ley de causa y efecto, tendrán que pasar por los mismos malestares que ellos mismos provocan.

A medida que evolucionen, sus espíritus dejarán de buscar excitación sexual externa, ya que tendrán normalidad sexual intrínseca.

Son tantos y tan dolorosos los casos de crímenes sexuales narrados en la prensa que incluso podemos deducir, desde una perspectiva espiritualista, que:

- las víctimas de hoy habrían sido los criminales de ayer;
- las víctimas y los criminales son personajes de escenas oscuras del pasado;
- los familiares de ambas partes, involucrados en estos tristes acontecimientos, probablemente tuvieron participación directa o indirecta en sus orígenes, en vidas pasadas;

En cuanto a los criminales de hoy...

Todos, sin excepción, deben ser incluidos en nuestras oraciones, para que sus espíritus se fortalezcan ante estos duros enfrentamientos.

Ningún cristiano es responsable de juzgar el comportamiento de nadie, incluso en situaciones que la ley terrenal define como "crímenes atroces."

Jesús sugirió a Pedro que el perdón de las ofensas debe hacerse "setenta veces siete", lo que nos ofrece cuatrocientas y difíciles tareas...

¡Difícil, pero no imposible!

¿Cuántas somos capaces de realizar...?

19 HOMOSEXUALIDAD

De los temas ingratos del sexo, éste es sin duda el más ingrato.

En esta obra se sitúa intencionalmente en su propio capítulo, cuando podría denominarse "trastornos sexuales." No existe ninguna condición de serenidad, ni de discusión racional, para juzgar hacia dónde va la mente de las personas cuando hablan de homosexualidad.

¿Sería una perturbación? ¿Un desvío? ¿Una enfermedad? ¿Una fatalidad?

¿Qué hacer o cómo tratar a los homosexuales? ¿Cárcel? ¿Castigo? ¿Medicamentos? ¿Ignorarlos? ¿Purgarlos? ¿Marginarlos? ¿Aceptarlos?

Veamos, en primer lugar, qué es la homosexualidad:

"Desviación del deseo, que se orienta hacia del mismo sexo, tanto en las fantasías como en las relaciones corporales."[17]

19.1 Intolerancia

Parece haber una abrumadora mayoría de la corriente del pensamiento humano que rechaza la homosexualidad.

19.2 Religión

Del Antiguo Testamento viene esta prohibición. En Levítico:

---

[17] *Enciclopedia Cultural Grande Larousse*, Editorial Abril S.A., 1990, tomo V, página 1677.

18:22 = "No te acostarás con varón como con mujer. Es abominación."

20:13 = "Si un hombre también se acuesta con otro hombre, como si fuera mujer, ambos hicieron una cosa abominable; serán asesinados; su sangre caerá sobre ellos."

También pasó por el Nuevo Testamento.

– Pablo, en I Corintios:

6:9 "¿O no sabéis que los injustos no heredarán el reino de Dios? No os dejéis engañar: ni inmundos, ni idólatras, ni adúlteros, ni afeminados, ni sodomitas."

En "Romanos":

1:27 "Asimismo también los hombres, abandonando la cantata natural de la mujer, se encendieron unos con otros en su sensualidad, teniendo depravación, hombres con hombres, y recibiendo en sí mismos el merecido castigo de su error."

En el Corán, el Libro Sagrado de los Musulmanes, que contiene las "Suras" – capítulos –, que Mohammed (570-632) predicó, bajo la inspiración de Dios:

En la edición de la Asociación Cultural Internacional Gibran (ACIGI), RJ, traducido por Mansour Challita, escritor oriental, se dice que en Irán los homosexuales son ejecutados en obediencia a este libro sagrado, revelado en los desiertos de Arabia en el siglo VII.

19.3 La Sociedad

Pocos países "toleran" la homosexualidad, desde que se cumplan ciertas formalidades, tales como la discreción, límite de edad, anuencia judicial y en algunos casos hasta la aceptación familiar:

a. En Europa legalizan la homosexualidad masculina, respetando la edad:
   – España   12 años
   – Italia   14 años

- Francia   15 años
- Bélgica 1   6 años
- Alemania   18 años
- Gran Bretaña 21 años[18]

b. Países como Suecia y Dinamarca, además del Estado de California (EE.UU.), autorizan el matrimonio entre homosexuales, permitiendo incluso la adopción de niños.

19.4 La prensa

La prensa de varios países - incluido Brasil -, informa con frecuencia, ilustrando ampliamente, noticias relativas a las uniones homosexuales, sin que esto cause el menor shock o vergüenza social; hay ocasiones en que los hechos denunciados constituyen un ataque a las costumbres locales, sin que se tomen medidas policiales para frenarlos, o siquiera investigarlos.

Estas son algunas de estas novedades:

- Actor de Hollywood, famoso en los años 60, fallecido en 1985 en Los Ángeles (EE.UU.), vivió durante años con un amante masculino; este último, ante el fallecimiento del primero, a causa del SIDA, acudió a los tribunales norteamericanos solicitando una indemnización económica, alegando los riesgos por los que había pasado, pues solo se enteró de la enfermedad de su pareja un año después de la confirmación médica;
- Cantante inglés, vocalista de un grupo de rock, de fama internacional, fallecido en 1991 a los 44 años, a causa del SIDA, homosexual declarado, lamentaba, poco antes de su muerte, el hecho de no tener a alguien a quien amar, un compañero fiel y dedicado a él...
- Tenista naturalizada estadounidense, campeona en varios torneos, muy rica, vivió durante años con un amante, cuya familia aprobó tal unión, disfrutando incluso de las

---

[18] Fuente: *"El Independiente del Domingo"*, citado en el diario Folha de S.Paulo, sección Mundo, del 26 de enero de 1992.

prebendas que le brindaba esa celebridad deportiva; cuando las dos se separaron en 1991, la campeona fue demandada por su amante, debiendo pagarle alrededor de 4 millones de dólares;

– Autor de telenovelas brasileñas, de gran audiencia, confiesa ser homosexual; recientemente declaró, en una revista de gran circulación nacional, que había tenido un "tórrido y tormentoso romance" con un amante que casi lo llevó al asesinato.

Hay muchas personas que, aunque no aceptan la homosexualidad, la toleran con la condición que la pareja sea fija y principalmente discreta.

La gran mayoría de los homosexuales no buscan nada más: una pareja fiel, comprensiva, respetuosa y que, si es posible, les ame.

19.5 En las Profesiones

En un país con costumbres muy arraigadas como Brasil, cuya tradición se opone a la homosexualidad, existen grandes dificultades profesionales para quienes la aceptan.

Primero, conseguir un trabajo; luego para mantenerlo. En las entrevistas, se señalan a los entrevistadores - normalmente psicólogos -, detalles sutiles de la vida social. ¿Cuáles son las tendencias sexuales de los candidatos?

Todas las empresas niegan los prejuicios, pero encubiertamente crean barreras a la admisión de homosexuales o, si son descubiertos después de su contratación, los despiden, siempre con distintos pretextos. El panorama mundial no es muy diferente. En Estados Unidos, por ejemplo:

El 13/06/91, un tribunal norteamericano obligó a una multinacional nacional a indemnizar con 5,3 millones de dólares a un empleado que había trabajado allí durante 19 años y fue despedido por ser homosexual.[19]

---

[19] Fuente: Revista "*VEJA*", 26.Jun.91

En las Fuerzas Armadas la normativa considera la homosexualidad como incompatible con la carrera militar; el país, que es uno de los más democráticos del mundo, si no el que más, expulsa de las filas militares a cualquier soldado que demuestre ser homosexual.

Nota: hay un movimiento político en Río de Janeiro, para enviar un proyecto de ley al Congreso Nacional que prohíba lo que sus autores consideran "discriminación contra los homosexuales en las Fuerzas Armadas."

Vemos así que el número de dificultades que sufren los homosexuales es significativo, ya sea en el ámbito religioso, social y, sobre todo, profesional.

En términos de rescates kármicos, tales problemas exponen a la criatura a diversas humillaciones o la obligan a ocultar sus tendencias, viviendo de subterfugios.

Y esto no es fácil, sobre todo si consideramos que los homosexuales son generalmente espíritus que experimentaron emociones salvajes en vidas pasadas, usando y abusando de su gran magnetismo.

Al traer a la existencia actual tales matrices periespirituales, la inversión sexual obligatoria las coloca bajo el control de su propia anatomía.

Esto no se hace como castigo o punición, en las insondables pero beneficiosas redes de la reencarnación: constituye una preciosa oportunidad de rectificación, pues ciertamente, una vez superada la "prueba", o agotada la "expiación", el sexo se reajustará a sí mismo. El camino seguro hacia tal logro es la Reforma íntima.

Pero, al fin y al cabo, ¿cómo definir qué constituye pecado o desequilibrio en la conducta homosexual?

En el aspecto pecaminoso responderá la conciencia de cada homosexual. Ningún cristiano tiene derecho a tirar una piedra, ni la primera piedra, ni ninguna piedra en absoluto.

Los gestos exagerados de delicadeza artificial y los gestos femeninos exhibidos públicamente por algunos homosexuales masculinos constituyen una demostración inocua, debido a las exageraciones, observadas literalmente junto con la prostitución.

Las mujeres homosexuales, por el contrario, son más discretas y rara vez se exponen públicamente, aunque algunas también se prostituyen.

En cuanto al aspecto desequilibrado de la homosexualidad, la simple y pura observación de la Naturaleza ayuda a dar la respuesta.

Así, en un sentido amplio, el desequilibrio homosexual puede enmarcarse como una conducta que viola la normalidad fisiológica del ser.

El acto sexual practicado por dos seres del mismo sexo – homosexualismo, cuando es masculina, y lesbianismo, cuando es femenino -, los condiciona como transgresores de la Naturaleza.

La ingeniería divina, al elaborar el cuerpo humano, lo dotó de medios para la procreación - perpetuación de la especie. La formación de un hogar es otro aspecto sexual divino, con o sin hijos, pero, en ambos casos, siempre uniendo almas – casi siempre en reajustes del pasado. Éstas son las razones primordiales del sexo.

Hay otras.

Por ejemplo: el intercambio recíproco de energías espirituales; nunca, en el éxtasis carnal, esto no excluye el placer, que es el catalizador natural y complemento de aquellas funciones primordiales y sublimes.

Así, el placer puede considerarse como un incentivo energético para la unión sexual. Es una actividad intermedia. Nunca poner fin a la actividad, como lamentablemente cree la mayoría de la Humanidad.

No se debe ignorar el alto poder de creatividad que proporciona el sexo: las criaturas humanas, navegando por la normalidad sexual, encuentran inspiración para los logros humanitarios, recordando el dicho popular "detrás de un gran hombre siempre hay una gran mujer..."; en este punto, con los derechos de hombres y mujeres ya iguales, podemos revertir tranquilamente la polarización sexual de ese dicho, y su verdad intrínseca permanecerá.

19.6 Duda Cruel

Durante milenios, una pregunta ha quedado sin respuesta en el mundo.

¿Por qué hay homosexuales?

Solo recientemente, y aun entonces de manera insatisfactoria, respondieron:

Primero, *el Psicoanálisis*:

La existencia de ciertos patrones familiares específicos tiende a producir un niño homosexual.

Entre estos patrones, el más común es el de un padre que se desconecta de su hijo, y le muestra poco afecto o incluso es hostil hacia él, combinado con una madre que muestra una intimidad extrema y es súper emocional.

Esta combinación particular tiende a producir homosexualidad por varias razones.

Luego, *la Psicología*:

La homosexualidad es la solución compensatoria para un vacío.

Si la madre, por ejemplo, subyuga a su hijo con falsos afectos, reemplazando a un marido insatisfactorio, está impidiendo que el niño intente establecer cualquier relación con otras mujeres.

Otro ejemplo: si el niño es huérfano de padre y se cría en un ambiente predominantemente femenino - varias hermanas, tías solteras y madre -, seguramente desarrollará hábitos femeninos o se verá muy influenciado por ellos.

También tenemos *la Genética*:

a. Los homosexuales masculinos tienden a ser hijos de madres ancianas, ya que se unen a la familia más tarde que sus hermanos y hermanas. Tal sospecha, que parece indicar una anomalía cromosómica, es insatisfactoria. Si los niños más pequeños se desarrollan más lentamente, esto se debe a actividad física menos intensa por parte de los padres, además, no hay prueba estadística de la aparición de homosexualidad en los niños que llegaron últimos.
b. Investigaciones recientes sugieren que la homosexualidad puede ser genética, pero en los círculos científicos se cuestiona el origen de estas sugerencias y estos resultados.

Hay un trabajo pionero en este ámbito, que se remonta a 1990, llevado a cabo en los Países Bajos, en el *Brain Research Institute de Amsterdam*.

Se descubrió que una pequeña parte del cerebro, el núcleo supraquiasmático, que regula los ritmos biológicos diarios, era dos veces más grande en los hombres homosexuales que en los heterosexuales. Aunque este núcleo no tiene una función reguladora de la sexualidad, el descubrimiento apuntó a la existencia de una diferencia.

c. Otro científico británico, Simon LeVay, que trabaja en Estados Unidos, en San Diego, fue más allá en la investigación: primero descubrió un grupo de células cerebrales en una región ligada al sexo: el hipotálamo - el órgano que controla los impulsos sexuales y regula la producción de hormonas -; más tarde, estudiando el cerebro de 19 homosexuales que murieron a causa del SIDA, descubrió que ese grupo de neuronas - células nerviosas -, era mayor en los cerebros de los heterosexuales estudiados que en los cerebros de homosexuales y mujeres.

Se contraargumenta que el SIDA habría modificado el hipotálamo.

Conclusión: tal investigación no es más que investigación...

d. También en los EE.UU., en la Universidad de Boston, el origen biológico de la atracción hacia personas del mismo sexo ganó otro punto: se demostró que el 52% de una muestra de gemelos idénticos – aquellos que provienen del mismo óvulo –, eran ambos homosexuales, frente a solo el 22% de gemelos fraternos - nacidos de dos óvulos -, y el 11% de hermanos adoptados.[20]

Estos resultados presuponen, según los investigadores, la existencia de un fuerte componente genético; es decir, un "gen de la homosexualidad."

Como se puede observar, las respuestas no son convincentes, ya que la sexualidad homosexual va más allá de estos marcos.

No hay que desdeñar tales conceptos, todos ellos elaborados con criterios científicos.

La cuestión es que la vida demuestra claramente que son insuficientes.

Lo que cabe preguntarse, tras ellos, es ¿dónde está la raíz del problema, dónde está su origen y, sobre todo, cuál es la solución?

19.7 Homosexualidad y Espiritismo

Causas:

El espíritu concentra energías eternas en el nivel superior de su estructura, energías que se distribuyen por los sistemas mental, intelectual y psíquico, afectando el cuerpo humano.

En el incesante péndulo de las reencarnaciones, estas energías se concentrarán en la psiquis, de la cual la personalidad del ser humano es poca evidencia.

---

[20] Los informes científicos "b", "c" y "d", arriba, fueron tomados de la sección *"Ciencia"* del periódico A Folha de S.Paulo, del 08/03/92.

Las características mentales, superiores e inferiores, no cambiarán, ya sea que el espíritu vista ropa física masculina o femenina.

Dicho de otra manera: las virtudes o defectos no varían según el sexo al que pertenezca el agente ahora encarnado.

La parte que cambia – y cambia mucho –, es el campo gravitacional de la fuerza sexual, cuando la persona reencarnada también cambia de sexo.

En efecto, cuando se encuentran en el umbral de la máxima evolución terrestre, los espíritus ya no presentan tales cambios, sean masculinos o femeninos. En ellos, el control total de las tendencias es expresivo, dominando y dirigiendo altas fuentes de energía sexual hacia obras creativas, invariablemente en beneficio de los demás.

Naturalmente, querido lector, estamos hablando de los llamados "santos."

El sexo, esencialmente, define las cualidades acumuladas por el individuo, en el ámbito mental y conductual.

Así, hombres y mujeres pasan siglos y siglos en el campo evolutivo específico en el que se ubican sus tendencias, ya sean culinarias o femeninas.

La naturaleza, generosamente, invierte la polarización sexual de los individuos que tienen una cantidad apreciable de experiencia en uno de los campos, masculino o femenino.

En estos casos, esta inversión se produce de forma natural, sin perturbaciones.

Sin embargo, hay casos en los que será útil que el espíritu renazca, obligatoriamente, en un campo sexual opuesto a aquel en el que se encuentra, debido al abuso y al desorden. Allí, el nacimiento de criaturas con inversión sexual implica, en la mayoría de los casos, una lucha expiatoria.

Esto sucede porque hay personas que tiranizan al sexo opuesto. El hombre, por ejemplo, prevaleciendo en su autoconcedida superioridad, abusa y roba derechos a la mujer, convirtiéndose en deudor ante la Ley de Igualdad, ante su conciencia, la que tarde o temprano, le avisará.

Entonces, cuando esto ocurra, voluntaria u obligatoriamente, será conducida por la justicia divina a reencarnar en equipamiento femenino.

Manteniendo matrices psíquicas de masculinidad, se sentirá sumamente incómodo en un cuerpo femenino, para aprender el respeto debido a la mujer, ya sea madre, hermana, hija o pareja.

Idénticamente le sucederá a la mujer que utilizando sus encantos y condiciones femeninas de atracción arrastró a los hombres a la locura, la perdición, el abandono de la familia: tendrá que reencarnarse en hombre, aunque sus tendencias sean declaradamente femeninas. En esta condición, quienes dan libre ejercicio a tales tendencias, cometen nuevos delitos.

Considerando que tales individuos están en período de prueba - desarrollo de resistencia a la inclinación al mal -, o en expiación - redención de faltas pasadas -, su mal comportamiento agrava su karma.

No en vano Divaldo Franco y Chico Xavier, médiums dedicados y con amplia experiencia en el trato con el Espiritismo, consideran la homosexualidad una fuente de angustia.

El espíritu Philomeno de Miranda en *"Locura y Obsesión"*[21], consigna la homosexualidad como un calvario, advirtiendo que "la persistencia en el desequilibrio conducirá a ser forzosamente expiatoria, mutilante o alienante.

Hombres y mujeres nacen homosexuales con el destino específico para la mejora espiritual, nunca bajo el impulso del mal.

---

[21] F.E.B., 1988, Brasilia/DF, 2ª Ed., página 75.

Los homosexuales, hombres o mujeres, son criaturas que purgan culpas del pasado, son merecedoras de comprensión y sobre todo de aclaración.

Se vuelven necesitados ante la bondad del Padre, que nunca abandona a sus hijos.

Tendrán renovadas posibilidades de superación espiritual, ya que la reencarnación es una escuela que acepta inscripciones infinitas, incluso en el mismo grado.

Los verdaderos espiritistas y los verdaderos cristianos, que son la misma cosa, sienten una enorme lástima frente unos y otros: los homosexuales y sus detractores radicales.

Entienden que los primeros sufren y que los segundos están plantando espinas. En un futuro próximo - creen los espiritistas -, la sociedad en su conjunto comprenderá que tales desadaptaciones representan una violación de una dura disciplina, solicitada o aceptada, anterior a la reencarnación. Los homosexuales no están sujetos a críticas, sino a luces espiritistas esclarecedoras en sus almas sensibles, iluminando sus dones.

La Familia

La homosexualidad, ya sea "sufrimiento" o "expiación", siempre coloca a su portador en una situación delicada en la sociedad, incluso desde casa.

En casa no tendrán sentido las peleas entre padres y mucho menos las acusaciones recíprocas. La violencia o las amenazas contra los hijos que sufren homosexualidad empeoran generalmente la convivencia, haciéndola insoportable.

El enfrentamiento entre las costumbres sociales y las exigencias de la libido expone ya al homosexual a una lucha dolorosa, por lo que necesita ayuda. Sin ayuda externa, es poco probable que se libere de los peligrosos caminos del abandono del hogar, la promiscuidad, las drogas, la violencia e incluso la delincuencia.

Es en el ambiente familiar donde el homosexual debe encontrar una base sólida, bases preparatorias para las luchas de la vida, contando con el apoyo incomparable de la comprensión, especialmente el respeto.

Por la divina Ley de Justicia, este hijo o hija está en el lugar correcto, incluso con las personas adecuadas: su familia.

Los padres así evangelizados nunca condenarán a su hijo o a su hija, pero tampoco dejarán de orientarlo sobre la necesidad de un esfuerzo permanente para mantener bajo control los impulsos homosexuales.

"Mantenerlo bajo control" es comprender, retrospectivamente, que esta tendencia tiene raíces en el pasado, en una vida anterior, y que solo la abstención ahora liberará a su portador de problemas mayores, tanto en esta vida como en las futuras...

"Tenerlo bajo control", es, además, perseguir la victoria en la lucha entre el "impulso" y la "razón", o mejor aun, entre el cuerpo, que exige este espíritu, y el espíritu, decidido a alcanzar la normalidad sexual.

La oración, el Evangelio y la voluntad, juntas, darán al homosexual otros placeres, otras compensaciones, pacificando así el cuerpo y el espíritu.

La fe en Dios y la certeza de una vida futura, sin tales desgracias, será un catalizador invaluable para el éxito.

En estos problemas, como en todos los demás, la unidad familiar y la compañía de Jesús constituyen siempre la mejor solución.

Liberación

Lejos de condenar a los homosexuales, el Espiritismo les sugiere el esfuerzo de la sublimación, único modo de liberarlos de tan atormentadora deuda.

La Doctrina de los Espíritus dice más a los homosexuales:

- el ejercicio continuado de la caridad hará que la pantalla mental se reeduque, sustituyendo hábitos infelices por el amor fraternal hacia los demás;
- si las fuerzas sexuales se dividen entre estudio, ocio y acciones de fraternidad, se convertirán en aspiración evolutiva espiritual, anulando los impulsos nocivos del deseo;
- los inquilinos desencarnados serán inmediatamente desalojados de la propiedad de la reeducación sexual;
- encarnaciones infelices, por falta de armonía, igualmente se alejarán – o serán removidas, por acción de protectores espirituales, siempre dispuestos y disponibles a ayudar a quienes se esfuerzan por controlar las malas tendencias;
- así como nadie camina solo por el camino equivocado, por la corrección, el cielo se abre en bendiciones, permanentemente;
- ¡nunca faltarán manos amigas para acoger a "los hijos pródigos" que regresan a la casa del Padre, después de haber vivido algún tiempo en casas alejadas del bien!

20 SIDA: ¿(In)justicia?

20.1 *Primeras Noticias*

"SIDA" es un acrónimo en inglés: Síndrome de Inmunodeficiencia Adquirida.

Es una enfermedad relativamente reciente: 1952. En ese año, existe el famoso registro de un joven norteamericano de 28 años que, padeciendo una severa inmunosupresión, falleció con las siguientes enfermedades simultáneas:

- Sarcoma de Kaposi-Linfoma no Hodgkin maligno
- Neumonía
- Hiperplasia linfoide
- Retinitis y citomegalovirus
- Candidiasis oral y esofágica difusa.
- Herpes
- Leucoencefalopatía
- Meningitis
- Enterocolitis crónica.

¡Trágico! ¡Triste!

20.2 *Origen*

El origen físico del SIDA es lo que menos importa en este momento. Las hipótesis probables son:

a. ruptura del sutil equilibrio viral orgánico, debido al uso inadecuado de antibióticos, habrían abierto la puerta al agente del SIDA, hasta ahora contenido por el sistema inmunológico;
b. error científico: investigadores de EE. UU. y Bélgica, que estudiaban la malaria en el continente africano, descubrieron que los monos eran inmunes a ella;

recogieron muestras de sangre de estos animales y las inyectaron accidentalmente a pacientes africanos.

Esta hipótesis tampoco halaga a la Medicina: de ser cierta, absuelve a segmentos sufrientes del pueblo africano, injustamente acusados de relaciones sexuales entre ellos y los monos.

20.3 Agentes Transmisores

Si bien solo existen hipótesis sobre el origen del SIDA - más precisamente su virus: VIH – Virus de Inmunodeficiencia Humana -, ya existen algunas certezas científicas sobre su transmisión.

En cuanto al contagio, se debe a causas biológicas y sociales:

a. esperma y secreción vaginal:
 - relaciones sexuales promiscuas: homo y heterosexuales;
 - inseminación artificial – bancos de esperma, sin control;
 - mestizaje poblacional, ante una intensa migración, prácticamente en todos los continentes y países.
b. sangre:
 - instalación generalizada y descuidada de bancos de sangre y productos sanguíneos;
 - uso colectivo de jeringas por parte de drogadictos.
c. la leche materna:
 - el bebé amamantado por la madre con SIDA puede contraer el virus.

Estadísticas Alarmantes

De momento, aquí tenemos los datos mundiales sobre el SIDA, que son sumamente preocupantes:

1. Personas contaminadas en el mundo:
   - 1991: 10 millones, 75% heterosexuales
   - 2000 – 40 millones (según estimación)
2. Personas contaminadas en Brasil:
   - 1980 – primer caso registrado
   - 1985 – 478

- 1991 – 21.023
- 1991: 700.000 (portadores probables, todavía sin síntomas)
3. Muertos
    - Solo en 1991 – 619 personas (en Brasil)
    - Hasta 1991 – 418.000 personas (en el mundo)
4. Confrontación socioeconómica – Estimaciones

Entre los cuatro países con mayor número de pacientes con SIDA.

EE.UU

- ingreso per cápita: 18.430 dólares EE.UU. (1987)
- población: 246.113.000 habitantes. (1988)
- ayudas: 200.000

UGANDA

- ingreso per cápita: 230 dólares EE.UU. (1984)
- población: 12.630.076 habitantes. (1980)
- ayudas: 22.000

TANZANIA

- ingreso per cápita: 240 dólares EE.UU. (1986)
- población: 22.462.000 habitantes. (1986)
- SIDA: 21.600

BRASIL

- ingreso per cápita: 2.437 dólares estadounidenses (1987)
- población: 148.000.000 de habitantes. (1991)
- SIDA: 21.023.

El contraste económico anterior lo demuestra. El desarrollo no significa nada para el control del SIDA, una enfermedad que se adquiere principalmente a través de la promiscuidad.[22]

---

[22] Fuentes: OMS (Organización Mundial de la Salud) *Almanaque ABRIL/1990*.

20.4 Aborto y Sida: ¿Pena de Muerte, Ahora...?

El aborto es un delito previsto en los artículos 124 y 126 del Código Penal brasileño.

Solo está legalmente autorizado en dos casos:

- riesgo para la vida de la madre, según dictamen médico;
- embarazo resultante de una violación.

Sin embargo... actualmente, hay un movimiento aquí en Brasil, que pretende legalizar el aborto cuando la madre es VIH positiva, bajo el alegato de probable contaminación del feto, a través del proceso vertical.

Esto es una barbaridad, ya que solo el 30% de los hijos de madres de SIDA presentaban síntomas, según el Centro de Referencia y Formación del Departamento de Salud (CRT) Estado de S.Paulo, que registró 294 casos de 1987 a 1991.

Si se aprueba la propuesta, el 70% de los niños nacidos de pacientes de SIDA que escapan al virus no escaparán de los verdugos legalmente autorizados para matarlos.

¡Esta supuesta monstruosidad aumenta por el hecho que en 18 meses los anticuerpos contra la enfermedad desaparecen en estos niños!

20.5 La Cura del SIDA

Históricamente, la Humanidad ha convivido con enfermedades terribles, que aparecen, diezman y desaparecen.

Folha de S.Paulo, ediciones de 10.09.91, 11.10.91, 02 y 12.11.91.

Cuando se erradica una enfermedad, pronto aparece otra.

Esta otra, cuando es derrotada, no tarda en ser reemplazada por otra.

Esto es cíclico y ha sido ineludible.

Esta triste realidad nos lleva a pensar que debe existir una causa permanente para estas enfermedades.

Esta causa, intangible, oculta, desconocida – con efectos episódicos y diferenciados –, cuyo origen trasciende las fronteras conocidas.

A bordo de estas ideas, nos sentimos atraídos hacia lo sobrenatural. En efecto, la Psicosomática está arañando esta investigación, cuando sitúa la mente en el umbral de todas las enfermedades.

Querido lector: mucho antes de los conceptos psicosomáticos modernos, Jesús afirmó: *"a cada uno según sus obras."*

En una traducción simplista de esta verdad incomparable, resumen de la Ley de Justicia, en el caso que nos ocupa – el de las enfermedades –, no cabe duda que enfermedades y pacientes son términos de una sola ecuación.

Con sencillez, el Espiritismo aleja las enfermedades de lo sobrenatural, afirmando que son un efecto, no una causa.

La causa se debe al ambiente mental del mundo, que es la suma de todos los pensamientos de los espíritus encarnados… y desencarnados.

Resulta que hay más infelicidad que alegría. Siendo el pensamiento la fuerza humana más poderosa, el clima terrestre favorece la aparición de enfermedades graves, endémicas o epidémicas.

En el libro *"Misioneros de la Luz"*, del espíritu André Luiz,[23] tenemos noticias de gérmenes psíquicos surgidos de la locura sexual, entre otras causas. También existen, en estos casos, bacilos

---

[23] F.E.B., 1945, cap. "Vampirismo."

psíquicos, a modo de larvas, portadores de un vigoroso magnetismo animal.

No es difícil apropiarse de este hecho y extraer de él la probabilidad que tales espectros mentales, energizados negativamente, den lugar a elementos materiales similares.

Aceptando esta premisa, aunque sea solo como hipótesis, tendremos que:

a. a cuanto más iniquidad, más devastadora será la enfermedad resultante;
b. su efecto será proporcional al tiempo de aprendizaje, arrepentimiento y corrección, ya que el dolor actúa como maestro;
c. cuando muchos son afectados por una determinada enfermedad, provocando una muerte masiva, siempre hay una reacción en el tumulto de ayuda: miles y miles de espíritus familiares, amigos, religiosos, etc., oran a favor de estos enfermos;
d. estas oraciones, sumadas igualmente a la caridad de los espíritus protectores, forman un poderoso anticonceptivo contra la enfermedad y, de un modo u otro, se controla;
e. si se sitúa en este marco, el SIDA tendrá cura, sí, pero solo cuando se elimine de la atmósfera terrestre la contaminación sexual que lo provocó y lo mantiene - no podemos ignorar que, tras la Segunda Guerra Mundial, el mundo se hundió en la locura: "amor libre", drogadicción, alcoholismo, que, juntos, se difundieron por todas partes, gracias al fabuloso progreso de los medios de comunicación.

Finalmente, tenemos que enfrentar la fe con la razón y, respetuosamente, preguntar:

Siendo Dios la Justicia Suprema, Creador de todas las cosas, Padre Nuestro, todo amor y bondad, ¿cómo podemos entender que las criaturas, incluso antes de nacer, y los niños pequeños, desde tierna edad, así como las personas con valores irreprochables de conducta, hasta los hemofílicos, contraen el SIDA?

Y sin embargo: si no hay efecto sin causa, ¿cómo podemos aceptar que estas inocentes criaturas sean injustamente afectadas por una enfermedad tan cruel?

Solo encontraremos una respuesta lógica en la reencarnación, cuando nos dice que la causa de los males presentes, aparentemente injustos, está en el pasado, en vidas anteriores, en las que plantamos lo que cosechamos hoy.

Por tanto, ahora podemos responder a la pregunta inicial:

El SIDA no es una injusticia.

Pero también afirmamos que no es justicia - en el sentido jurídico:

¡Es una cosecha de una plantación desafortunada!

21 LA PROSTITUCIÓN

21.1 La Mujer

La llamada "vida fácil", popularmente también llamada "la primera profesión en la Tierra", por el contrario, tiene los matices más difíciles y nunca puede considerarse un trabajo profesional.

Hasta hace poco era una actividad exclusivamente femenina.

Algunas mujeres, menos decididas, habiendo agotado sus intentos de progreso material, habiendo eliminado las posibilidades de ser ayudadas por familiares o seres queridos y viendo en peligro su propia supervivencia, recurren a la prostitución.

Ante las dificultades para conseguir un empleo, para los espíritus vigilantes, este acto no es una opción: se considera la última oportunidad.

Para las mujeres, es un acto realizado bajo presión. Apenas llegan, ya quieren irse.

No hay ni ha habido nunca una prostituta feliz.

Todas ellas, sin excepción, sueñan con el día en que se liberen de las pesadas ataduras, físicas y morales, a las que casi siempre se entregaron voluntariamente. Si al principio hay maravillas, esto es un espejismo, porque pronto se presenta la realidad, revelando un mundo de males, de sufrimiento, de decepciones.

Al entrar en contacto con todo tipo de parejas, su vida está continuamente en peligro: ya sea por brutalidad, crimen o enfermedades infecciosas.

Quizás uno de los mayores errores sobre la faz de la Tierra sea lo que existe entre la apariencia - incluso por obligación, normalmente bien cuidada -, y el alma de una prostituta:

- las sonrisas esconden lágrimas;
- los sueños se convierten en pesadillas;
- detrás de las fantasías se esconde la realidad, que casi siempre es perversa;
- desde fuera parecen muñecas, con una imagen impresionante; sin embargo, en el fondo, sus corazones están torturados.

Eso es todo con las mujeres.

21.2 El Hombre

¿Qué pasa con los hombres...?

La mujer se prostituye, ya sea por impotencia, ya sea por desesperación, ya sea por ilusión.

Exuda inferioridad en cada momento de este triste destino. El hombre, aunque con los mismos objetivos económicos, el diccionario íntimo es otro: es falso, por tanto, se autoproclama un aliviador de las necesidades emocionales.

Por una tarifa, se ofrece a criaturas infelices, solitarias, desilusionadas o frustradas, sin importar si son hombres o mujeres.

Un cuadro muy triste: comercialismo sexual, ilusión sumándose a ilusión. De hecho, el hombre que vende su cuerpo sano lo hace primero por narcisismo y luego por complejo de superioridad respecto a su pareja.

No habría necesidad de seguir ese camino. Su supervivencia no estaba en juego.

En cualquier momento su salud lo habilitaría para un trabajo, incluso manual.

En resumen: su "pecado" es mayor.

21.3 Consecuencias Espirituales

Para las criaturas que no respetan la bendición del sexo, convirtiéndolo en objeto de comercio, incluso si son inducidas a hacerlo bajo la engañosa falacia de la supervivencia – mujeres –, o bajo la égida de un dispensario de sensaciones – hombres –, el futuro siempre será doloroso.

Como consecuencia, en esta existencia ya aparecen decepciones, disgustos, enfermedades y soledad.

En cuanto al futuro, nuevas reencarnaciones, serán irremediablemente criaturas que luchan contra neurosis y anomalías sexuales genéticas.

Mujeres: probablemente sin la maravilla de la maternidad, sus cuerpos tendrán inhibiciones resistentes a cualquier tratamiento.

Hombres: pueden prolongar su existencia con impedimentos sexuales, traumáticos o incurables, provocando desamor sin igual.

Como el dolor es pasajero y el tiempo tiene tiempo, cuando este mal karma se agote, estas criaturas resucitarán como el "fénix" – pájaro fabuloso y mitológico que duró siglos y, si se quemaba, renacía de sus propias cenizas)

En nuevas etapas, si lo desean, podrán dedicarse a servir a quienes caminan por el "camino ancho de la perdición", que Jesús tan fuertemente contraindicó.

¿Quién mejor para ayudar con un problema que alguien que ya lo ha vivido y superado?

22 SEXO: AGRAVACIONES ESPIRITUALES

22.1 Panorama Sexual "Desde el otro lado"

Todos haremos el gran viaje, de lo material a lo espiritual; incontables veces.

Tales viajes son retornos: los retornos serán del mismo número, menos uno, cuando, a través de la evolución, nos liberemos del denso clima terrestre, que es nuestro mérito actual.

Allí podremos ir a vivir a regiones más felices, a uno de las "muchas moradas" a los que se refirió Jesús.

Mientras tanto, en la actual etapa evolutiva, después de la desencarnación - o de la muerte, como se la llama más comúnmente -, pocos de nosotros nos liberaremos del desencanto: he aquí, en la esperada convivencia de algunos con "ángeles insistentes", lo que tenemos es confrontación con los fantasmas de los sótanos de nuestra propia conciencia.

Es inevitable: al desencarnar, la criatura recibe una herencia: sus acciones en la vida.

En lo más profundo de la mente, el ser que degrada o ha degradado el sexo - ¿y quién de nosotros puede pretender no haberlo hecho en alguna parte? -, almacena para sí pesadillas y dolores terribles.

Los protectores espirituales, en repetidos mensajes mediúmnicos, nos advierten que los desórdenes resultantes del imperio de la libido, dejan a la criatura desencarnada en gran perturbación psíquica; se convierte en inquilino durante mucho tiempo de los dolores más crueles que se conocen, entre la Tierra y el cielo.

Ante tales desastres, no tendrá sentido la rebelión y la desesperación, junto con, casi siempre, la implicación en el "vampirismo" y la "obsesión."

22.2 Vampirismo

El vampirismo es la situación en la que un espíritu, generalmente desencarnado, se aferra en sintonía a otro espíritu, generalmente encarnado, succionándole la sustancia vital.

Es un proceso muy común en casos de sexo, alcoholismo y drogadicción.

Al desencarnar, el espíritu no cambia de ninguna manera sus tendencias. El adicto al sexo anhelará el éxtasis y deambulará en las sombras en las que permanece, hasta que encuentre un anfitrión que le dé refugio y satisfaga su nefasta necesidad.

Forman parejas, o pares, o lo que es peor, grupos similares, desencarnados y encarnados, cometerán toda clase de abusos, en una lúgubre simbiosis sexual.

La persona encarnada, pensando en satisfacer sus propias necesidades, estará en realidad satisfaciendo a espíritus infelices.

De ahí que se utilice el término "vampirismo" en este proceso.

22.3 Obsesión

Allan Kardec, en "La Génesis"[24], define la obsesión de la siguiente manera:

"La obsesión es la acción persistente que un espíritu maligno ejerce sobre un individuo. Presenta caracteres muy diversos, desde la simple influencia moral sin signos externos

---

[24] 1ra. Edición, editorial "Lago", S. Paulo, SP, capítulo XIV, número 45.

sensibles, hasta la completa perturbación del organismo y de las facultades mentales."

En el proceso obsesivo siempre están presentes: atracción, sentimiento, culpa.

De espíritu a espíritu, las conexiones pueden ocurrir en todas direcciones:

- de desencarnado a encarnado;
- de desencarnado a desencarnado;
- de encarnado a encarnado;
- de encarnado a desencarnado.

Aquí solo nos ocuparemos de personas desencarnadas y encarnadas. En estas conexiones, ciertos espíritus llevan a criaturas muy animalizadas a cometer abusos de todo tipo, especialmente en materia sexual.

Toman diferentes formas, se adhieren y se alimentan de formas pensamiento larvarias, emitidas por los encarnados y que se liberan durante las conexiones sexuales, generalmente espurias. En estas ocasiones, el desencarnado hace que su víctima se sienta siempre insatisfecha, para repetir las uniones, para proporcionarle más alimento de baja vibración.

El encarnado, así ordenado, se obsesiona continuamente con el sexo: experimenta orgasmos muy fuertes, añadiendo el suyo propio al del espíritu que, magnetizado hacia él, es el "compañero mayoritario" del resultado.

¿Hasta cuándo...?

Nota: Otro triste ejemplo de obsesión sexual es la situación que a veces se observa en los patios de los hospitales y clínicas psiquiátricas, donde algunos reclusos, en su mayoría varones, se masturban abierta y repetidamente. Además, hay mujeres internadas allí, algunas de las cuales se desnudan compulsivamente, a la vista de cualquiera: reclusas, personal de servicio o incluso visitantes.

22.4 Lugares Peligrosos

Desde el punto de vista espiritual, es sumamente prudente evitar asistir a lugares públicos como "clubes nocturnos", salas de cine sobre "sexo explícito", "autocines", burdeles, moteles, etc.

Estos entornos están saturados de miasmas psíquicos que emanan de sus clientes, muchos de los cuales asisten allí por comodidad del anonimato o, en general, buscan esconderse; siempre motivados por prevaricación, la promiscuidad sexual, a menudo la adicción a las drogas y, a veces, incluso a la planificación de crímenes - secuestros, robos a grandes empresas, etc.

Ahora bien, por la ley de atracción de los fluidos, acuden también a estos lugares espíritus desencarnados todavía fuertemente apegados a las cosas de la materia, especialmente al sexo; para ellos, tales lugares constituyen el "hábitat" más adecuado, ya que allí encuentran la satisfacción permanente de sus necesidades básicas.

En el caso de los moteles, por ejemplo, hay muchas parejas, matrimonios, que acuden a ellos, saliendo de casa, en busca de un "mejor ambiente", un "ambiente más sensual..." Es un comportamiento erróneo, ya que no se liberarán del acoso nocivo de esos desafortunados "inquilinos" espirituales, quienes, incluso sin haberlos visto nunca, se unirán inmediatamente a ellos, en "injertos fluidicos" - parafraseando al espíritu André Luiz, en "*Sexo y Destino*." Como vampiros ocultos, en fatídica simbiosis espiritual, usurparán y disfrutarán de parte del placer y la energía sensual que las emociones crean en el ambiente.

Esto se debe a que es poco probable que en esos momentos el "*orad y velad*" que Jesús tanto recomendó esté en acción.

Por lo tanto, sería mejor evitar conducir por "carreteras tan anchas", que pueden conducir a placeres efímeros, pero que luego, ciertamente, producen consecuencias psíquicas, si no físicas.

En "*El Libro de los Espíritus*", pregunta 567, encontramos:

P: ¿Los espíritus interfieren a veces en nuestras ocupaciones y placeres?

R: "Espíritus ordinarios, sí; están constantemente a tu alrededor y a veces toman parte muy activa en lo que haces, según su naturaleza."

22.5 Terapia Evangélica

Todo aquel que sufre tiene su momento de reflexión, considerando la inmensidad de la Eternidad. Aprenderá, bajo la influencia del dolor, multiplicado durante décadas y tal vez durante siglos añadidos, que el sexo no se limita a momentos de éxtasis físico, sino al intercambio de energías renovadoras y armoniosas, bendecidas por Dios.

En los pliegues del tiempo, reencarnando una y otra vez, incluso por la bondad del Padre, sometido a equipamientos orgánicos defectuosos, particularmente en lo que respecta al sistema genético, el réprobo aprenderá que el sexo representa la responsabilidad. Al transformarnos en instrumento de lascivia, disminuimos nuestra inteligencia y, al hacerlo, las comparaciones con los animales serían injustas para ellos. Todos los que se desvíen de la templanza sexual estarán sujetos a navegar en mares agitados.

Pero nadie está solo en el Universo, y cuando un pecador se arrepiente, instantáneamente recibe ayuda celestial de una forma u otra.

Una guía segura para evitar errores es el Evangelio. Si ya se han cometido errores, también muestra cómo corregirlos: mediante una reforma íntima, no cometiéndolos más, así como esforzándose por controlar las malas inclinaciones.

No faltan advertencias: espíritus amigos, a través de esclarecedores mensajes mediúmnicos, han estado trayendo a los encarnados vigorosas recomendaciones sobre el comportamiento sexual.

Dicen sobre el sexo:

- emana de la sabiduría divina, por tanto, es buena;

- es para nuestro bien;
- es una fuerza de impulso creativo;
- es una fuente de energía inagotable, ya que proviene del Creador;
- es un medio para la ascensión sublime a etapas edificantes, en el gran Más Allá;
- cuando es disoluta: deuda acumulada, que invariablemente tendrá que será rescatada, más el mal que ha sembrado a su paso;
- espíritu deudor: cuerpo con graves problemas.

Cuando bajo la inspiración y bendición del amor:

- trae paz y armonía para el espíritu;
- salud y bienestar para el cuerpo.

Mencionan los espíritus con más luz que la relación sexual, combinada con el amor, destila esencia constructiva, es bálsamo para el rincón santificado del hogar y resuena en el pulso incesante y armonioso del Universo.

23 SEXO: PANORAMA MUNDIAL

23.1 Pasado – Presente – Futuro

Al preparar este trabajo, buscamos traer información que, en su conjunto, constituyera una visión del paisaje mundial, con el sexo como tema, y cómo el hombre ve este paisaje.

Identificamos y nos apropiamos de conceptos científicos, filosóficos y espirituales.

En esta búsqueda, fuimos al pasado, exploramos el presente e, inclinándonos, desafiamos el futuro, tratando de abrir una esquina de su telón, para cada lector.

Concatenar pasado, presente y futuro no es, como podría parecer a primera vista, una cuestión de quiromancia. ¡No!

Nuestro objetivo fue plasmar en papel la clarificación sensata y transparente que ofrece el Espiritismo a estas fases del tiempo, incrustadas en los conceptos de la reencarnación. De hecho, sin lugar a dudas, la reencarnación es la única explicación lógica para las disparidades sociales, individuales y colectivas. Con base en la Ley de Justicia, establece parámetros inequívocos de efectos, al expresar sus causas.

¿Qué encontramos?

Disparidades.

Se confirmó, una vez más, que el pensamiento humano, en ningún ámbito, hasta ahora nunca ha logrado la unanimidad.

En el sexo, particularmente enfocado por nosotros, pontifican los mayores disparates sobre conceptos, derechos, errores y aciertos.

Leyes, costumbres y entendimiento cambian...
- de continente a continente;
- de pueblo a pueblo;
- de país a país;
- de ciudad en ciudad;
- de cultura en cultura;
- de temporada en temporada;
- de familia en familia;
- de persona a persona...

En todas las latitudes y en todas las épocas solo se encontró un consenso genérico: "el sexo da placer."

La psicología, escolarmente, enseña que el sexo se basa en la psiquis y que tiene desviaciones: la llamada esquizofrenia.

Para muchos, quizás esto justifique por qué el placer, para algunos, se logra en condiciones que la sociedad considera normales y, para otros, solo en condiciones consideradas anormales.

Pero como las opiniones difieren, en este mismo enfoque, lo que es bueno para unos puede ser malo para otros. Y viceversa.

Esta explicación, al no establecer los orígenes y las causas de estas diferencias de comportamiento, sigue siendo inconclusa y carente de exhaustividad.

Aun dentro del concepto psicológico de normalidad y anormalidad sexual, se puede considerar que:

- Normalmente, el éxtasis sexual resulta de una relación bidireccional, entre heterosexuales, con intimidad y privacidad, habiendo ambos ya superado, al menos, la adolescencia;

anormalmente, este mismo éxtasis solo se alcanzará:
   a. mediante la práctica de fantasías y aberraciones;
   b. con violencia - vergüenza de uno de los participantes;

c. con el dolor de los participantes - o solo de uno -, en las llamadas relaciones sadomasoquistas;
d. relaciones grupales y abiertas - orgías;
e. exhibicionismo de los órganos sexuales masculinos frente a niños o mujeres indefensas;
f. relaciones coercitivas, con perversidad;
g. variación permanente de parejas, ya sean solteras, casadas, prostitutas, homosexuales, etc.;
h. relaciones con los animales.

23.2 La Prensa

La prensa abre muchos caminos para el progreso y juega verdaderamente un papel decisivo en la vida cotidiana de toda la Humanidad: el de informar.

Es una pena que cuando se trata de sexo, la mayoría de las veces haya poco discernimiento y mucho sensacionalismo. Expone miserias sexuales sin darse cuenta que, al hacerlo, a menudo se convierte en un catalizador de muchos otros desastres humanos.

Si, como decíamos anteriormente, lo que es normal para unos no lo es para otros, y viceversa, siendo este el nivel en el que se asienta la sociedad, la máxima cautela debe guiar las noticias sobre los delitos contra el pudor.

¡Eso no es lo que sucede, desafortunadamente!

Puede parecer paradójico a algunos lectores que, teniendo esto en cuenta, vayamos a exponer algunas de estas lamentables noticias.

Sin embargo, nuestra intención es bien distinta: iluminar los lugares oscuros del rincón moral, donde el comportamiento humano esconde males del alma, extrayendo de las noticias sus consecuencias espirituales.

Naturalmente, protegeremos a los agentes omitiendo sus nombres.

En resumen, seleccionamos los siguientes hechos reportados en el lapso de más o menos un año:

BRASIL:

– Violencia sexual contra menores –

Una encuesta de la Pastoral del Menor de la Arquidiócesis de Fortaleza (CE), muestra que en 1990, en Ceará, hubo 930 actos de violencia sexual contra niños y adolescentes de hasta 17 años. Fortaleza fue mencionada en la revista norteamericana *"TIME"*, como la líder en prostitución infantil en Brasil.[25]

– Enfrentar los prejuicios en la vida cotidiana –

Citando nombres y aportando fotografías, el reportaje - ¡a página completa! -, entrevista a parejas homosexuales, masculinas y femeninas, que viven como cónyuges, en la capital de São Paulo.[26]

– Citas con jóvenes en el interior del Estado de S.Paulo –

Declaraciones de una joven de 17 años, cuyo novio se niega a tener relaciones sexuales con ella: "Ya le advertí que cuando me comprometa exijo el fin de mi castidad, no soy virgen." Otra joven, también de 17 años, afirmó que las relaciones sexuales forman parte de su relación desde hace 11 meses. El reportaje presenta una foto de las jóvenes, citando la ciudad en la que viven.[27]

EE.UU

– Libros para los hijos de gays (gay, término que en inglés = homosexual)

La editorial norteamericana *"Alyson Publications"*, especializada en libros para homosexuales, creó a finales de 1990 una colección dirigida a hijos de padres o madres homosexuales.

El mercado de estos libros, evalúa la editorial, es potencialmente grande: según cálculos de la revista

---

[25] Folha de S.Paulo, SP – 07/06/1991.
[26] Folha de S. Paulo, SP – 23/06/1991.
[27] Folha de S.Paulo, SP – 04/08/1991.

norteamericana *"Newsweek"*, en EE.UU. hay alrededor de 17 millones de niños con padres o madres homosexuales.[28]

– Afirmación impactante –

Obispo de la Iglesia Episcopal - sin ortodoxia canónica -, que en los años 1980 ordenó a un homosexual, ahora sugiere al entrar en los años 1990, en el libro *"Rescatando la Biblia del Fundamentalismo"*, que el apóstol Pablo, cuyo vigor impulsó la organización del cristianismo, era un homosexual reprimido.[29]

– "Informe Kinsey" –

La fuente de datos más utilizada sobre la sexualidad de los norteamericanos, con informes masculinos de 1948 y femeninos de 1953. El Instituto Kinsey acaba de publicar un nuevo informe que concluye de manera enfática las investigaciones realizadas con unas veinte mil personas: "Los norteamericanos son analfabetos en materia sexual."[30]

– Suma sacerdotisa –

Una "suma sacerdotisa" de la "Iglesia egipcia de la divinidad suprema" fue condenada en Los Ángeles a un año de prisión. Motivo: para purificar los pecados de 2.700 hombres, tuvo relaciones sexuales con ellos, pero al precio de 100 dólares, por un "sacrificio ritual." El marido fue condenado a seis meses de prisión por mantener una casa de prostitución.[31]

– Mitos americanos –

El difunto presidente de los Estados Unidos está siendo analizado por la prensa parda norteamericana y por los

---

[28] Folha de S.Paulo, SP – 13/01/1991.
[29] "Veja" – 20/02/1991.
[30] Folha de S.Paulo SP – 10/03/1991.
[31] Folha de S.Paulo SP – 31/07/1991.

biógrafos, como una fuente de satiriasis - exaltación mórbida del impulso sexual masculino. Uno de sus hermanos, también fallecido, tenía conductas sexuales incompatibles, por lo que fue chantajeado por quienes guardaban ese secreto. Otro hermano, aun vivo, se vio involucrado recientemente en un escándalo sexual, junto con un sobrino, como si el mismo incidente ocurrido consigo mismo hace unos años no fuera suficiente.[32]

– Autobiografía–

Un exjugador de baloncesto, famoso en el ambiente deportivo, actualmente de 55 años, publicó recientemente una autobiografía en la que afirma haber tenido relaciones sexuales con 20.000 mujeres desde que tenía 15 años.[33]

– Actor de cine porno –

Se jactaba de haber mantenido relaciones sexuales "por obligación profesional" con 14.000 parejas. Murió de SIDA hace tres años y medio.[34]

ALEMANIA

– El maltrato infantil afecta a 300.000 –

El periódico *Frankfurter Allgemeine Zeitung* de Frankfurt afirma que 300.000 niños al año son víctimas de abuso sexual en Alemania.

Solo el 6% de los agresores son desconocidos para sus víctimas: la inmensa mayoría se encuentra dentro de su propio círculo familiar.[35]

CHINA

– Secuestro y venta de mujeres –

---

[32] Folha de S.Paulo, SP – 04/08/1991.
[33] Folha de S.Paulo, SP – 11.07.1991.
[34] "Veja" – 27.11.91.
[35] Folha de S.Paulo, SP – 01/06/1991.

El secuestro y venta de mujeres vuelve a ser una práctica común en China, según informan la policía, diplomáticos y la prensa local.

Antes de la Revolución Comunista esta práctica estaba muy extendida.

Entre 600 y 700 mujeres fueron secuestradas y vendidas contra su voluntad en 1990 solo en la provincia agrícola de Henan. La estimación de un funcionario del gobierno dice que en todo el país el número de mujeres secuestradas podría alcanzar una cifra de seis cifras.

ITALIA

- El tipo "bisex"

La revista "King", en Diciembre/90, lanzó el tipo "bisex." Pomposamente afirmó que "cada vez más hombres asumen actitudes y gustos femeninos, así como las mujeres asumen cada vez más actitudes y gustos masculinos." Y continúa: "estamos ante un nuevo individuo que reúne en sí mismo todo lo bueno de lo femenino y lo masculino."

Concluye: "las palabras feminismo o machismo ya no tienen sentido; el futuro es de versatilidad."[36]

El corresponsal del periódico, directamente desde Milán, afirma en el mismo artículo anterior que Brasil "tiene una tradición bisex", afirmando en un momento:

"Posiblemente pocas sociedades en el mundo incorporan la figura de los homosexuales y bisexuales en sus imágenes cotidianas de referencia como lo hace Brasil."

– Investigación –

La revista "L'Expresso" preguntó:

"– ¿Alguna vez has querido tener sexo con personas del mismo sexo?"

---

[36] Folha de S.Paulo, SP – 09/12/1990.

"- Sí", respondió el 94,6% de los entrevistados.

Folha de S.Paulo, SP - 09/02/1990.

TAILANDIA

- Ofrenda religiosa de videos "porno" -

En Bangkok, en el santuario de Erawam, dedicado al espíritu hindú Thao Maha Brahma, siempre lleno, los fieles hacen ofrendas de un vídeo pornográfico.

En el centro del templo Wat Phra Keo, también en Bangkok, hay una estatua de un *"lingam"* - falo divino -, de proporciones sobrehumanas, que está siempre cubierto de guirnaldas colocadas por los creyentes que desean aumentar su potencia sexual.[37]

- La prostitución afecta a un millón de jóvenes -

Se cree que más de un millón de mujeres jóvenes trabajan como prostitutas en Tailandia, afirma el periódico estadounidense *"Los Angeles Times."*

La industria del sexo publica grandes anuncios en los periódicos con fotografías de niñas prostitutas. Otra faceta desconocida para los turistas: la esclavitud todavía existe, aunque esta práctica fue abolida hace más de cien años.

Las familias del norte comenzaron a celebrar el nacimiento de las hijas, ante la posibilidad de vender a la niña, al cumplir los diez años, a un prostíbulo de la capital.[38]

RUSIA

- La perestroika devuelve el sexo a los soviéticos -

Declaró un profesor del Instituto Soviético de Etnografía:

"La revolución sexual se apodera de la antigua URSS y las repúblicas, hoy, deben entenderse como Occidente, en la fase anterior al informe Kinsey y a Sigmund Freud."

---

[37] Folha de S.Paulo, SP - 05/01/1991.
[38] Folha de S.Paulo, SP - 26.09.1991.

La homosexualidad se estrenó públicamente en Moscú y las películas soviéticas pueden llegar cada vez más al público sin tener que cortar escenas de sexo.[39]

Amigo lector:

Creemos que es necesario pedirle disculpas.

Quizás hayas llegado hasta aquí y, con razón, no hayas apreciado alguna parte de esta obra, y nos referimos, en particular, a la síntesis de noticias que narran lamentables acontecimientos mundiales, vinculados al sexo.

Nuestro sincero y único objetivo fue obligar a la reflexión para establecer comparaciones con las noticias que veremos a continuación:

a. El Olor del Cuarto Mundo

Ingreso per cápita, en algunos países (USD/año)

Primer mundo:

- Suiza   30.000
- Estados Unidos y Japón   21.000
- Italia, Inglaterra y Francia   15.000

Tercer Mundo:

- Brasil   2.300

Cuarto Mundo (Continente Africano):

- Namibia   1.360
- Zimbabue   838
- Angola   453
- Mozambique   137.[40]

b. Muertes infantiles en el mundo:
- Cada año mueren 14 millones de niños. Cuarenta mil al día.

---

[39] Folha de S.Paulo, SP – 12.01.1991.
[40] Fuente: Folha SP – 15.09.1991

- Esto equivale a una bomba de Hiroshima (Ago/45), cada tres días.
- Víctimas: América Latina, África, Asia. Causas: diarrea, tos ferina, tétanos, sarampión.
- Hay 150 millones de niños que pasan hambre en el mundo.[41]

c. Hambre en el planeta: mil millones de personas
- Si hay ayuda urgente de los países ricos, 30 millones podrían morir de desnutrición.[42]

d. Muerte de mujer por nacer
- En el tercer mundo, se estima que más de 100 millones de mujeres han "desaparecido", debido a abortos espontáneos o muertes al nacer, o porque reciben menos alimentos y atención médica que los bebés varones.
- De este total, 60 millones son de Asia - solo en China: 30 millones.[43]

e. Nueva "especie humana"

Hay 23,7 millones de personas en el noreste de Brasil, que viven con una cuarta parte del salario mínimo, lo que provoca desnutrición y, por tanto, retraso del crecimiento en muchos de ellos; en caso contrario, fallecimiento antes de cumplir un año.

Como resultado, aparece una nueva "especie humana" en la región: los hombres enanos. Su altura equivale a la de los pigmeos africanos, en promedio de 1,48 m.

Los seres de esta nueva especie humana viven en las afueras de las ciudades del noreste o en el interior abandonado.

---

[41] Fuente: Interco Prensa, "*A Cidade*" Rib.Preto–SP, 06/01/1991.
[42] Fuente: Folha SP – 19.06.1991.
[43] Fuente: "The New York Times"/ Folha de S.Paulo, SP – 11.06.1991.

Se les conoce como *"hombres gabiru"* porque, al igual que las ratas (*gabiru* en tupi), se alimentan de basura.[44]

f. Grandes Migraciones

Personas que abandonaron sus países de origen y fueron en busca de mejores condiciones:

- De 1750 a 1880: 30 millones
- De 1880 a 1940: 97 millones
- De 1945 a 1970: 100 millones - incluidos los refugiados.
- De 1970 a 1990: 120 millones.[45]

Con la caída del "Muro de Berlín", el conflicto bélico en Oriente Medio (Irak x Kuwait), la fragmentación de la URSS, la creación de la "CEI" (Comunidad de Estados Independientes) y la aparición de la "ECO " (Comunidad Económica Europea), pronosticando este año 1992, es de suponer que las migraciones aumentarán.

Los países ricos, extremadamente preocupados por sí mismos, intentan desde hace algunos años impedir el flujo incoercible de migraciones, necesariamente en su dirección.

Incluso ahora, a pesar de la formidable transformación que ha tenido lugar en la URSS, la predicción de conflictos graves en zonas territoriales extensas y distantes no es pesimista. Durante siete décadas prevaleció la centralización gubernamental, con todos los medios de producción subordinados al poder público, políticamente sin adversarios y, en consecuencia, totalitario.

Esto significa que ahora la recuperación del tiempo perdido, en busca de la tan ansiada modernidad, requerirá esfuerzos gigantescos y más sacrificios por parte de todas las naciones recién independizadas.

---

[44] Fuente: Folha de S.Paulo, SP – 11.10.1991.
[45] Fuente: Cuaderno Especial, Folha de S.Paulo, SP – 18.07.1991.

¿Qué lecciones morales y espirituales podemos extraer de las noticias anteriores?

En primer lugar, que el planeta se mueve de manera permanente: aumento del flujo migratorio. Esto parece establecer que la criatura humana tiene un poder relativo para cambiar su destino: es el ejercicio del libre albedrío. De hecho, la inquietud es propia de la condición humana, lo que, la mayoría de las veces, se traduce en nuevas experiencias, aprendizajes, evolución.

En segundo lugar, el fantástico número de personas hambrientas, desnutridas o muertas prematuramente refleja una dura expiación, un duro rescate, una enorme deuda que hay que saldar. Debido a la cantidad de personas infelices, con un gran respeto y un mayor sentimiento de lástima, podemos, como hipótesis, conjeturar que esta situación está estrechamente ligada a desadaptaciones sexuales.

Porque, como el sexo es un factor energético, cuando se despilfarra, y las noticias al respecto son asombrosas, como hemos demostrado, produce secuelas en el periespíritu. Esto, a su vez, se reflejará en el organismo, con discapacidad, cuya reconstrucción solo se producirá a costa de una o más reencarnaciones en esos crueles y desolados paisajes sociales. En tercer lugar, cabe señalar que las mujeres que "desaparecen" y los hombres hambrientos que así se desencarnan, muchos de ellos, casi todos, ni siquiera tienen una sola relación sexual.

La abstención, en este caso, es obligatoria.

En cuarto lugar, esta abstinencia sexual involuntaria puede ser una de las condiciones para la recuperación progresiva del equilibrio del periespíritu, con vistas a futuras reencarnaciones, un sistema genético recompuesto.

En quinto lugar, teniendo en cuenta que el sexo forma parte de las necesidades fisiológicas humanas, las relaciones sexuales entre estas desafortunadas personas casi siempre no se desarrollan en una atmósfera de paz, comodidad y privacidad. Ante la ausencia de recursos materiales, los padres que luchan desesperadamente por alimentar a sus hijos sin necesidad, todos luchando por sobrevivir, tal vez ni siquiera exista un clima de amor por el acto sexual. Y, si existe, el entorno en sí no ofrece condiciones para su disfrute.

La sabiduría divina permite tales relaciones, pasajeras y sufridas, dada la necesidad que allí se generen y reencarnen espíritus con similar sintonía espiritual.

En sexto y último lugar, como corolario de las reflexiones ya realizadas, recurramos al apóstol Pablo:

II Epístola a los Corintios, 9:6:

"El que siembra escasamente, también segará escasamente; y el que siembra abundantemente, abundantemente también segará."

Epístola a los Gálatas, 6.7:

"No os dejéis engañar: Dios no puede ser burlado, porque todo lo que el hombre siembra, eso también segará."

24 CONCLUSIÓN

El sexo está presente en todas las especies vivas de la Naturaleza: plantas, animales, hombres. El libre albedrío, que señala la superioridad del hombre sobre las demás criaturas, lo ha llevado por caminos peligrosos, ajenos al sublime camino sexual.

Por tanto, los indescriptibles sufrimientos morales y físicos del espíritu, encarnado o desencarnado.

Pero que nadie arroje piedras a los demás: además no nos corresponde juzgar, y menos aun condenar. Porque en nuestro equipaje, que el tiempo ha almacenado, puede haber recuerdos de males mayores.

El espectro de las patologías sexuales dice claramente, ante la Ley de Causa y Efecto, que detrás de las enfermedades, las nieblas de los tiempos esconden una deuda innegable.

Desde esta perspectiva, no es difícil entender por qué hay personas con niveles de locura altísimos. Y también, porque el panorama terrenal expone tanto sufrimiento, a veces de pueblos enteros, sometidos incoerciblemente al hambre, al frío y al dolor.

Cualquier profano que maneje un compendio médico que ilustre problemas y deficiencias orgánicas, todas ellas en el área sexual, quedará asombrado ante imágenes terribles, nunca imaginadas.

Esto, en el ámbito material.

En cuanto a lo espiritual, el panorama es aun más espantoso y las consecuencias más terribles.

Después de desencarnar, el espíritu utiliza las propiedades del periespíritu, una de las cuales es la modelación de formas: ve imágenes de su propia mente.

La fijación sexual, por ejemplo, pondrá, frente al pervertido desencarnado, formas pensamiento creadas por él mismo, vivas, activas, exigentes...

Gastará toda su energía en el frenético deseo de satisfacción sexual. La libido, queriendo cada vez más, hará irrespirable, como un zombie, el ambiente en el que deambula. Perturbados de la misma manera, igualmente desencarnados, serán automática e inevitablemente catapultados a su compañía. Para satisfacer tan imperiosas exigencias eróticas, buscará encarnados en sintonía con este mismo denominador. Buscará encarnados porque, solo con ellos, cuando esté en relaciones promiscuas, podrá disfrutar del éxtasis sexual, tan desesperadamente deseado. Solo allí encontrará salida las demandas lujuriosas de sus tendencias. Se apropiará de los fluidos que emanan de estas relaciones infelices y, a partir de entonces, se convertirá en un compañero constante, utilizando la misma armonía.

¡Establecida la conexión, se establece la obsesión!

El encarnado, sin saberlo, se convierte en anfitrión de un inquilino lento y exigente. Lo que empeora esta situación es que este obsesor rara vez actúa solo: camina en grupos, por lo que, para satisfacerlos, la persona encarnada entra en el peligroso campo del suicidio indirecto. Convertirse en sexólogo agota sus fuerzas y compromete su salud.

A medida que pasan los años, sin arrepentimiento, fuerzas superiores actuarán, correctiva y amablemente, deteniendo la continuidad de estos procedimientos. Todos aquellos que durante mucho tiempo han estado profanando el sexo obligatoriamente serán llamados a reconstruir sus vidas. Independientemente de su aprobación, reencarnarán en condiciones tales que comience la reconstrucción. Sobra mencionar que el dolor, nunca como castigo, siempre como maestro, vivirá con ellos por mucho tiempo, tal vez por varias reencarnaciones.

Jesús afirmó que *"en el rebaño del Padre ninguna oveja se perderá."*

Por eso, todos los que se equivocan salen adelante, en el tiempo, agradecidos al dolor y fortalecidos en la voluntad, redirigidos como están por el arrepentimiento o por la mayor caridad del Buen Pastor.

Toda la Humanidad será más feliz cuando comprenda que el sexo, el amor y la responsabilidad son inseparables.

Entonces habrá, además del placer físico – concesión divina – un placer mucho mayor, el éxtasis de las almas, con las energías sexuales creando también el bien común – ¡la opción humana!

25 ORACIÓN

Amigo Jesús:

¡Sabemos que eres el norte del Bien! Creamos este pequeño libro para hablar de sexo.

Porque el sexo, atributo divino otorgado al hombre, aunque incomprendido, ha sido mal utilizado por nosotros desde siempre.

Nos reconocemos incompetentes para guiar a los demás, ya que no aportamos nuestras propias luces.

Sin embargo, desde que el Espiritismo enseñó a nuestra alma a escuchar los débiles ecos del pasado, comenzamos a mirar dentro de nosotros mismos. Allí vemos pecados en nuestro ayer, entender el hoy y las proyecciones del mañana no son difíciles.

Recordamos bien: cuando, desconfiados, entramos por primera vez al humilde recodo del Centro Espírita, casi se siente como si estuviera dentro. Hoy sabemos que así fue. De hecho, esto es muy propio de su manera de actuar y de ser, partiendo del pesebre.

¡Benditos rincones, las Casas Espíritas!

¡Verdaderos servicios de emergencia para los espíritus, encarnados y desencarnados!

En ellos aprendemos que el "dolor–castigo" debe ser sustituido por el concepto de "dolor–corrección"; increíble: el dolor es incluso bendito, porque además de detener la caída, impide la continuidad del error, evitando la perpetuidad del mal.

De tu evangelio, Señor Jesús, tomamos prestado lo que pudimos.

Fue allí – en el Evangelio –, donde encontramos agua pura para el espíritu, fuerte coraje para vivir, ejemplos incomparables de ti, de tu amor, de tu sabiduría.

¡Cuánta claridad! ¡Cuánta caridad!

Esto es lo que intentamos transmitir en este pequeño libro, por si algún lector aun lo desconoce, porque todos los que estamos encarnados sufrimos las dificultades de la carne, que habla fuerte y exige mucho.

¡Te damos gracias por Tu amor por la Humanidad! Te pedimos que nos bendigas.

¡Y que Dios te bendiga a ti también!

26 INDICACIONES BIBLIOGRÁFICAS

Esta bibliografía es solo una referencia.

En nuestras consultas no se sobredimensionaron ni redujeron los autores y sus obras, quedando esta opción, en su caso, a decisión única y exclusiva de los lectores.

Deliberadamente no mencionamos ni particularizamos las fuentes, porque ellas mismas no particularizan un tema determinado, sino que cubren múltiples aspectos de múltiples temas en el mismo texto.

La conducta sexual humana tiene a disposición de los interesados infinidad de literatura, siendo estudiados y expuestos sus aspectos psicológicos, fisiológicos y espirituales desde diferentes ángulos.

Para las cosas del sexo, hay una fuente inagotable de investigación. Por eso, repetimos: aquí, solo como referencia.

Hay más, mucho más, disponible para los lectores.

26.1 Aspectos Científicos

MASTERS, W.J. (M.D.) y JOHNSON, V.E. – "La Respuesta Sexual Humana", Roca Ltda, São Paulo/SP, 1984

–"Insuficiencia Sexual Humana", Roca Ltda, São Paulo/SP, 1985

BASTOS, A.C. – "Nociones de Ginecología", 5ª Ed., Atheneu, 1978 MOREIRA, T.B.

- "Ginecología de la Infancia y la Adolescencia", 2ª Ed., BYK-PROCIENX, São Paulo/SP, 1980

- "Medicina y Salud", Abril Editora, São Paulo/SP, 1968/1969 BARCHIFONTAINE, C.P. de (e) PESSINI, L.

- "Bioética y Salud", 2ª Ed., CEDAS, São Paulo/SP, 1989

26.2 Aspectos Psicológicos

BEAUVOIR, S. - "0 Segundo Sexo", 3ª Ed., Nova Fronteira, Río de Janeiro, 1980

SANDSTROM, C.I. - "La Psicología de la Infancia y la Adolescencia", õa.Ed., Zahar, Río de Janeiro, 1975

LEWIS, H.R. y LEWIS, M.E. - "Fenómenos Psicosomáticos", 3ª Ed., José Olympio, Río de Janeiro, 1988

STORR, A. - "Desviaciones Sexuales", 2ª Ed., Zahar, Río de Janeiro, 1976

BOLSANELLO, A. (e) BOLSANELLO, M.A. - "Asesoramiento - Análisis del Comportamiento Humano en Psicología", 1ra.Ed., Educacional Brasileira S.A., Curitiba/PR, 1986

26.3 Aspectos Espíritas

LIRA, A. - "La Enseñanza de los Mahatmas" (Teosofía), IBRASA, São Paulo, 1977

PEARSON, EN. - "Space, Time and the Self", 2ª ed. (revisada), por Theosophical Publishing House, EE.UU., 1967.26.4 Aspectos espíritas

KARDEC, A. - "*El Libro de los Espíritus*", 3º. Ed., Feder. Espírita / Est.SP, 1987

(Edición conmemorativa del 130 aniversario de la edición) XAVIER,F.C. (Médium Psicográfico): Por el Espíritu Emmanuel)

- "O Consolador", 6ª Ed., F.E.B. (Federación Espírita Brasileña), Río de Janeiro/RJ, 1976

- "Vida y Sexo", 1ra.Ed., F.E.B., Brasilia/DF, 1990 – (Por el Espíritu André Luiz)

- "Acción y Reacción", 5ª Ed., F.E.B., Rio de Janeiro/RJ, 1976

- "Missionários da Luz", 21ª Ed., F.E.B., Brasilia/DF, 1988 XAVIER, F.C. (e) VIEIRA, W. (médiums psicográficos) – (Por el Espíritu André Luiz)

- "Sexo y Destino", 1ra.Ed., F.E.B., Brasília/DF, 1985

- "Evolución en Dos Mundos", 1ra.Ed., F.E.B., Brasília/DF, 1989

FRANCO, D.P. – (Médium Psicógrafo), por el Espíritu Manoel P. de Miranda)

– "Locura y Obsesión", 2ª Ed., F.E.B., Brasilia/DF, 1990

PASTORINO, C.T. – "Técnica de la Mediunidad", 2ª Ed., Sabedoria, Río de Janeiro/RJ, 1973

SANTOS, J.A. – "Fuerzas Sexuales del Alma", 2ª Ed., F.E.B., Brasilia/DF, 1987REGIS, J. (e) NOBRE, M.S. (e) GIROLAMO, N.P.

– "La mujer en la Dimensión Espírita", 7ª Ed., DICESP, Santos/SP, 1986.

Grandes Éxitos de Zibia Gasparetto

Con más de 20 millones de títulos vendidos, la autora ha contribuido para el fortalecimiento de la literatura espiritualista en el mercado editorial y para la popularización de la espiritualidad. Conozca más éxitos de la escritora.

Romances Dictados por el Espíritu Lucius

La Fuerza de la Vida

La Verdad de cada uno

La vida sabe lo que hace

Ella confió en la vida

Entre el Amor y la Guerra

Esmeralda

Espinas del Tiempo

Lazos Eternos

Nada es por Casualidad

Nadie es de Nadie

El Abogado de Dios

El Mañana a Dios pertenece

El Amor Venció

Encuentro Inesperado

Al borde del destino

El Astuto

El Morro de las Ilusiones

¿Dónde está Teresa?

Por las puertas del Corazón

Cuando la Vida escoge

Cuando llega la Hora

Cuando es necesario volver

Abriéndose para la Vida
Sin miedo de vivir
Solo el amor lo consigue
Todos Somos Inocentes
Todo tiene su precio
Todo valió la pena
Un amor de verdad
Venciendo el pasado

Otros éxitos de Andrés Luiz Ruiz y Lúcio

Trilogía El Amor Jamás te Olvida
La Fuerza de la Bondad
Bajo las Manos de la Misericordia
Despidiéndose de la Tierra
Al Final de la Última Hora
Esculpiendo su Destino
Hay Flores sobre las Piedras
Los Peñascos son de Arena

Otros éxitos de Gilvanize Balbino Pereira

Linternas del Tiempo
Los Ángeles de Jade
El Horizonte de las Alondras
Cetros Partidos
Lágrimas del Sol
Salmos de Redención

Libros de Eliana Machado Coelho y Schellida

Corazones sin Destino

El Brillo de la Verdad

El Derecho de Ser Feliz

El Retorno

En el Silencio de las Pasiones

Fuerza para Recomenzar

La Certeza de la Victoria

La Conquista de la Paz

Lecciones que la Vida Ofrece

Más Fuerte que Nunca

Sin Reglas para Amar

Un Diario en el Tiempo

Un Motivo para Vivir

¡Eliana Machado Coelho y Schellida, Romances que cautivan, enseñan, conmueven y
pueden cambiar tu vida!

Romances de Arandi Gomes Texeira y el Conde J.W. Rochester

El Condado de Lancaster

El Poder del Amor

El Proceso

La Pulsera de Cleopatra

La Reencarnación de una Reina

Ustedes son dioses

Libros de Marcelo Cezar y Marco Aurelio

El Amor es para los Fuertes

La Última Oportunidad

Nada es como Parece

Para Siempre Conmigo

Solo Dios lo Sabe

Tú haces el Mañana

Un Soplo de Ternura

Libros de Vera Kryzhanovskaia y JW Rochester

La Venganza del Judío

La Monja de los Casamientos

La Hija del Hechicero

La Flor del Pantano

La Ira Divina

La Leyenda del Castillo de Montignoso

La Muerte del Planeta

La Noche de San Bartolomé

La Venganza del Judío

Bienaventurados los pobres de espíritu

Cobra Capela

Dolores

Trilogía del Reino de las Sombras

De los Cielos a la Tierra

Episodios de la Vida de Tiberius

Hechizo Infernal

Herculanum

En la Frontera

Naema, la Bruja

En el Castillo de Escocia (Trilogía 2)

Nueva Era

El Elixir de la larga vida

El Faraón Mernephtah

Los Legisladores

Los Magos
El Terrible Fantasma
El Paraíso sin Adán
Romance de una Reina
Luminarias Checas
Narraciones Ocultas
La Monja de los Casamientos

Libros de Elisa Masselli
Siempre existe una razón
Nada queda sin respuesta
La vida está hecha de decisiones
La Misión de cada uno
Es necesario algo más
El Pasado no importa
El Destino en sus manos
Dios estaba con él
Cuando el pasado no pasa
Apenas comenzando

**Libros de Vera Lúcia Marinzeck de Carvalho
y Patricia**

Violetas en la Ventana

Viviendo en el Mundo de los Espíritus

La Casa del Escritor

El Vuelo de la Gaviota

**Vera Lúcia Marinzeck de Carvalho
y Antônio Carlos**

Amad a los Enemigos

Esclavo Bernardino

la Roca de los Amantes

Rosa, la tercera víctima fatal

Cautivos y Libertos

Libros de Mónica de Castro y Leonel

A Pesar de Todo

Con el Amor no se Juega

De Frente con la Verdad

De Todo mi Ser

Deseo

El Precio de Ser Diferente

Gemelas

Giselle, La Amante del Inquisidor

Greta

Hasta que la Vida los Separe

Impulsos del Corazón

Jurema de la Selva

La Actriz

La Fuerza del Destino

Recuerdos que el Viento Trae

Secretos del Alma

Sintiendo en la Propia Piel

Otros Libros de Valter Turini y Monseñor Eusébio Sintra

Isabel de Aragón, La reina médium

El Monasterio de San Jerónimo

El Pescador de Almas

La Sonrisa de Piedra

Los Caminos del Viento

Si no te amase tanto...

World Spiritist Institute

www.ingramcontent.com/pod-product-compliance
Lightning Source LLC
LaVergne TN
LVHW041808060526
838201LV00046B/1180